U0736472

青瓷白马兼山海

——惠东县白马窑址群区域系统调查

广东省文物考古研究院
惠州市文化广电旅游体育局　编著

科学出版社

北京

图书在版编目（CIP）数据

青瓷白马兼山海：惠东县白马窑址群区域系统调查 / 广东省文物考古研究院，惠州市文化广电旅游体育局编著. —北京：科学出版社，2023.9
ISBN 978-7-03-076274-0

Ⅰ. ①青… Ⅱ. ①广… ②惠… Ⅲ. ①窑址（考古）—调查研究—惠东县 Ⅳ. ① K878.54

中国国家版本馆 CIP 数据核字（2023）第167211号

责任编辑：樊　鑫 / 责任校对：王晓茜
责任印制：肖　兴 / 书籍设计：金舵手世纪

科 学 出 版 社 出版
北京东黄城根北街16号
邮政编码：100717
http://www.sciencep.com

北京汇瑞嘉合文化发展有限公司　印刷
科学出版社发行　各地新华书店经销

*

2023年9月第　一　版　开本：889×1194　1/16
2023年9月第一次印刷　印张：9 3/4
字数：277 000
定价：168.00 元
（如有印装质量问题，我社负责调换）

《青瓷白马兼山海——惠东县白马窑址群区域系统调查》
编　委　会

主　任　钟　亮

副主任　曹　劲　曾传山　邓宏文　曹　慧

主　编　刘　长　王　政

编　委　刘淑瑜　蔡国祥　陈政禹　王勇军
　　　　罗运锋　钟雪平　侯　娟

编　务　席松甫　邹俭平　陈司林　朱奕凡
　　　　王慧琳　欧嘉豪　朱丽娜

前　言

  本书旨在全面、系统地记录惠东县白马窑址群的区域系统调查研究成果,并为读者提供一份详尽的参考资料,以便更好地了解该窑址群的历史意义和文化价值。白马窑址群作为广东省重要的明代窑址,具有悠久的历史和丰富的文化内涵,经过了多年的考古工作,为研究明代广东青瓷的产品、工艺、规模、时代、分布特点和运输途径等提供了珍贵的证据。

  在本书的编写过程中,我们尽可能准确、全面地呈现调查研究成果,并对相关资料进行了核实和分析。我们希望通过本书的出版,能够为学术界提供一份研究明代广东青瓷的参考资料,为广大读者提供了解白马窑址群的便利渠道,并促进对该遗址群的保护和研究工作。衷心希望这本书能够为读者提供深入探索、学术交流和文化传承的平台。同时,我们也希望通过这一研究成果的呈现,引起更多人对于历史文化遗产保护的关注和重视,为推动文化遗产的保护与传承做出积极的贡献。

目　录

　　白马窑位于广东省惠东县白盆珠镇，宛如一颗明珠镶嵌在莲花山脉西段、西枝江腹地的丘陵谷地之中。明清文献常见"白马碗窑"、"白马窑"、"碗窑"等称，如《湖广武昌府志》记"方逢时……累官至广东按察司备兵惠州。会有山贼，名花腰蜂者，据白马窑之险，构乱十余年……"[1]，《大隐楼集》有"时有山贼花腰蜂伍端、松坑贼温七、拥众万余，据白马碗窑为乱者十余年"[2]的记述，《粤大记》中指出"叶景清据碗窑"[3]，考察文献及舆图，其地均指"本县（归善）碗窑西江地方"，即今白盆珠镇范围之内，可见明时即将位于白盆珠镇的诸窑业遗存统称为"白马窑"、"白马碗窑"或"碗窑"。

　　白盆珠镇原名白朦珠，于1958年改称为白盆珠。撤并乡镇前，全镇面积为74平方千米。新中国成立初期，该地隶属于新庵区下设的双金乡。1958年起划归新庵公社辖。1983年从新庵分出设立双金区，1987年撤区建立白盆珠镇。2006年4月，新庵镇并入该镇。白盆珠镇距离惠东县城（平山镇）35千米，距离惠州市区75千米。下辖1个社区居委会和坑屯、横瑶、横坑、布心、新丰、鹿窝（以上六个村在原新庵镇辖区内）、白马、横江、共和、双金、新和、沐化共12个村委会。在白盆珠镇的东北方，白盆珠水库如同一泓明镜，镶嵌于东江支流上游，距离惠东县城东北34千米。自1985年8月竣工以来，这座占地856平方千米的水库，承载着西枝江的源泉，成为西枝江流域的一颗明珠。而贯穿白盆珠镇的白马河，自东南而来，向西北流淌，仿佛一条自然的血脉。

　　作为广东地区明代著名的外销瓷窑场之一，白马窑具有较高的历史文化和科研价值，是研究中国古代海上丝绸之路商品贸易和文化交流的重要实物资料。广东省内的文物考古机构长期以来一直关注和研究白马窑址群。该窑址群于20世纪50年代被发现，至今仍能在地表上看到大量青瓷

[1]（清）裴天锡：《康熙湖广武昌府志校注》，武汉大学出版社，2011年。

[2]（明）方逢时：《大隐楼集》，辽宁人民出版社，2009年。

[3]（明）郭棐：《粤大记》，广东人民出版社，2013年。

白马窑址地理位置示意图

片、窑砖、窑渣和匣钵等遗物。随着相关考古工作的持续开展，取得了一系列重要成果：1955年6月，广东省文物管理委员会（以下简称"省文管会"）在当时属于惠阳地区的白马山西面的三个支脉附近发现了生产青釉划花瓷片的古代窑址；1960年7月，省文管会与华南师范学院前往上述地点进行复查和采集标本，并撰写了《广东惠阳白马山古瓷窑调查记》[1]一文；同年7月，省文管会与华南师范学院历史系组成的联合文物工作队，对其中3处窑址进行了发掘，出土了4500余件遗物，其中包括300多件文物，还撰写了《广东惠阳新庵三村古瓷窑发掘简报》[2]；2011年，当地村民在匣斗墩窑址附近修葺猪舍时发现了窑炉遗存，广东省文物考古研究所对其进行了抢救性清理工作，发现了1座残存的窑炉，并出土了大量遗物。

　　白马窑址群区域系统调查工作的目标包括：①白马窑的延续时段、具体分布范围分布特点、运输途径、规模变化和形态特征；②白马窑产品的主要产品、生产工艺和生产规模等；③地貌地形与窑址分布的关系；④探讨白马窑的生产、运输和传播；⑤为白马窑址下一步的文物保护规划提供更加准确的信息，并提供一定的科学依据。

　　河谷、丘陵和山地为本次调查区域内最主要地貌类型，河谷、丘陵主要分布在调查区域范围内的西部、北部和西北部，高程区间为50～

---

［1］曾广亿：《广东惠阳白马山古瓷窑调查记》，《考古》1962年第8期。
［2］曾广亿：《广东惠阳新庵三村古瓷窑发掘简报》，《考古》1964年第4期。

白马河流域航拍图

白马河流域航拍图

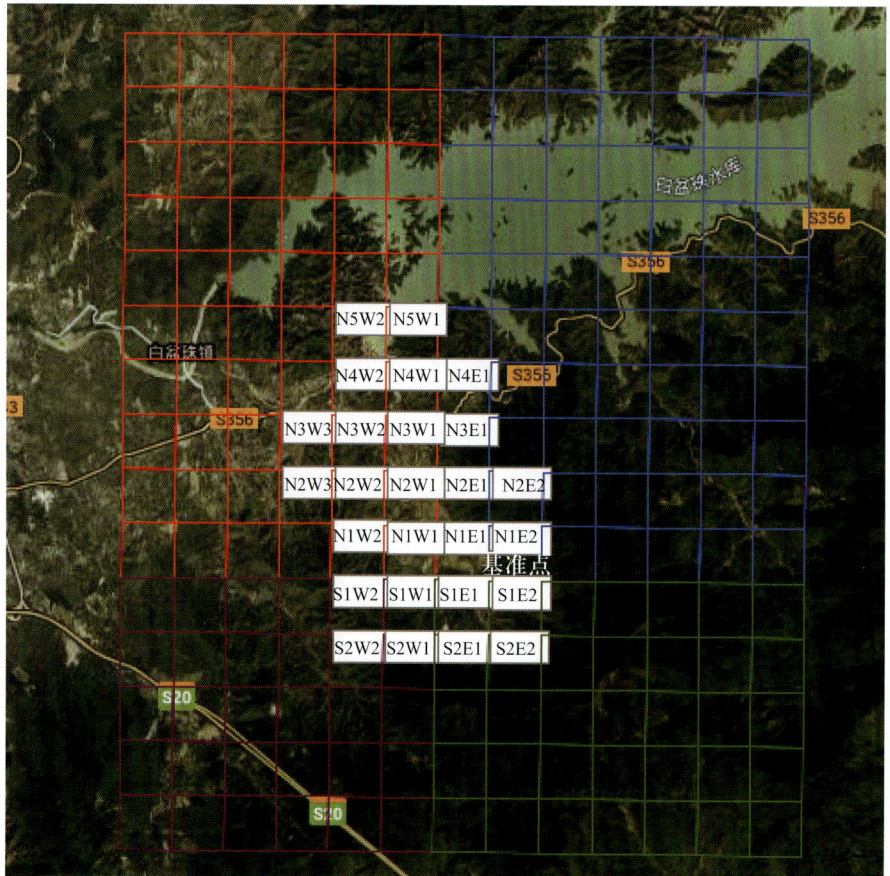

调查区域位置示意图

150米，山地则主要位于南部、东部及东南部。本次调查区域建立了坐标系，基点坐标为E115°04′，N23°01′，调查区域被划分为195个调查区，每个调查区规格为1千米×1千米，面积共195平方千米。蓝色一区为70个调查区，红色二区为60个调查区，紫色三区为30个调查区，绿色四区为35个调查区。一区和二区皆为河流流域内，地形相对平坦，三区和四区则主要为山地地形。通过全面的文物考古调查和勘探，在白马窑址周边区域内，调查窑址共计21处，其中伯公岽、江板、匣斗墩、枫树头4处为省级文物保护单位；新发现烂屋仔、陂角、石鼓岭、犁头坑、黄竹塘、圆墩背等窑址12处；复查、核实已知三官坑、虾公塘、下营、湖洋坑窑址4处。

白马窑址群区域系统调查工作的范围主要覆盖白马河、西枝江干流，新发现并复查相关窑址共计21处。诸窑址采集和出土瓷器及瓷器残片绝大部分为仿龙泉青瓷；釉色有青绿、青黄、青蓝色等；纹饰有菊瓣纹、莲瓣纹、雷纹等，部分碗内底印"福"、"清"、"寿"、"溪"、"公正"、"正"、"禄"、"寿"等；器形有碗、盘、盏、杯、罐、洗、砚等。现将部分窑址情况与采集标本介绍如下。

一、烂屋仔窑址

（一）窑址概况

烂屋仔窑址位于惠东县白盆珠镇白马村委双一自然村南部约170米。窑址中心地理位置GPS坐标为N23°02′，E115°04′，海拔90米。烂屋仔窑所处山坡近底部以林地为主，地表分布有桂木、竹子、桉树、低矮灌木等。土壤为黄褐色、红褐色等。距西侧水源较近，溪流为南—北流向。相对高度1~3.6米左右。坡度为40°~50°。北约170米左右为双一村居民居住区，交通线路较便利，有村道直通双一村。烂屋仔窑址保存状况一般。地表遗物分布面积约3000平方米。

窑址发现有残存的窑炉遗迹两处，附近地表散落大量窑砖及青瓷片。烂屋仔窑址山坳区域地表散见少量匣钵、青瓷残件；外部近河流区域分布有较明显的废弃堆积；南部新修建山路，破坏较严重，此区域散落较多匣钵、窑砖残件；中部竹林中地表青瓷产品零星分布，地表窑砖散落面积较大。该窑址采集和出土的遗物包括大量青绿釉碗、青绿釉碟、青绿釉盏、青绿釉砚台、匣钵等，地表未见垫饼等其他窑具。

烂屋仔窑址地表遗物堆积

2019HBM05Y1断面

2019HBM05Y1窑炉遗迹局部

2019HBM05Y2窑炉遗迹局部

（二）器物标本

1. 碗

名　青釉碗（标本 HBM05：1）

代　明代中期

尺　口径13.8厘米，底径6.1厘米，高6.7厘米。

形　敞口圆唇，浅弧腹，圈足，灰胎，墨绿色釉，圈足无釉。外壁近口沿处装饰一道弦纹。

（摄影：谢蔚宁）

名 青釉碗（标本 HBM05：6）

代 明代中期

尺 口径14.4厘米，底径6.7厘米，高5.6厘米。

形 敞口圆唇，浅弧腹，圈足，灰白胎，釉色墨绿偏灰，圈足无釉。外壁刻划菊瓣纹，内底戳印方框"清"字款。

（摄影：谢蔚宁）

名 青釉碗（标本HBM05：8）

代 明代中期

尺 口径14.2～15厘米，底径6.6厘米，高5.7厘米。

形 器物变形，口部失圆。敞口圆唇，浅曲腹，圈足，
灰白胎，青绿釉，施釉不及底。外壁刻划菊瓣纹，
内底戳印方框"清"字款。

（摄影：谢蔚宁）

名　青釉碗（标本 HBM05：23）

代　明代中期

尺　口径14.4厘米，底径6.6厘米，
　　高5.5厘米。

形　敞口圆唇，浅曲弧腹，圈足，灰
　　白胎，青绿釉，釉面失透，施釉
　　及底。外壁可见明显的拉坯修坯
　　痕迹。

（摄影：谢蔚宁）

2. 盘

名　青釉盘（标本 HBM05：17）

代　明代中期

尺　口径15.7厘米，底径6.8厘米，高3.3厘米。

形　直口圆唇折沿，曲弧腹，圈足，青绿釉，施釉及底。内底戳印双方框"綪"字款。器物内底有窑粘与缩釉现象。

（摄影：谢蔚宁）

3. 灯盏

名　灯盏（标本HBM05：18）

代　明代中期

尺　口径8.7厘米，底径3.3厘米，高2.3厘米。

形　敞口圆唇，弧腹，平底，青绿釉，器底无釉。

（摄影：谢蔚宁）

4. 砚

名 青釉砚（标本HBM05：7）

代 明代中期

尺 口径15～15.7厘米，底径10.6
厘米，高6.3厘米。

形 器物变形。直口圆唇，台面圆形
微凹，与台面间有一道较深凹
槽。外壁曲腹。喇叭状矮高足，
高足宽大，底足挖足。台面以及
足底无釉。足底粘连垫饼。

（摄影：谢蔚宁）

5. 窑具

名 M形匣钵（标本HBM05：21）

代 明代中期

尺 直径21.6厘米，高5.6厘米。

形 外壁刻划"十"。

（摄影：谢蔚宁）

名 垫饼（标本HBM05：28）

代 明代中期

尺 直径3.6厘米。

（摄影：谢蔚宁）

6. 其他

名　残片（标本HBM05：2）

代　明代中期

形　双方框"勝"字款。

（摄影：谢蔚宁）

名　残片（标本HBM05：3）

代　明代中期

形　双方框"清"字款。

（摄影：谢蔚宁）

名　残片（标本HBM05：26）

代　明代中期

形　双方框"結"字款。

（摄影：谢蔚宁）

二、陂角窑址

（一）窑址概况

　　陂角窑址位于惠东县白盆珠镇白马村委老围自然村东北约130米。窑址中心地理位置GPS坐标为N23°02′，E115°04′，海拔77米。陂角窑址位于河沟东部山坡底部区域，距水源较近，地貌以水田、林地为主，地表分布有桉树、竹子、低矮灌木等，附近分布较多近现代墓葬。溪流为北—南流向。土壤为黄褐色、红褐色等。相对高度约1.5米左右。坡度约为26°。瓷土区域在窑址区东部约40米左右。距离130米左右为老围村居民居住区，交通较便利，有村道直通老围村。陂角窑址保存状况一般。地表遗物分布面积约200平方米。

陂角窑址地表遗物

2019HBM06Y1断面局部

　　窑址发现两处窑炉，保存状况一般。窑炉附近散落较多匣钵、窑砖残件，未见完整窑具，未发现垫饼，竹林中地表青瓷产品零星分布，地表窑砖散落面积较大。窑址南部区域零星分布匣钵残件、青瓷残片等；东部、东南部地表植被茂密，散落少量青瓷残片、垫饼、匣钵残件，少量窑砖残件，局部人为破坏情况严重；西部断面周边散落少量匣钵、垫饼等窑具，青瓷产品零星分布。窑址采集和出土的遗物有少量青釉碗。

（二）器物标本

1. 碗

🔴名 青釉碗（标本HBM06：1）

🔴代 明代中期

🔴尺 口径14.4厘米，底径6.1厘米，高5.7厘米。

🔴形 敞口圆唇，浅曲弧腹，圈足，青黄釉，施釉
不及底。器物光素无纹。

（摄影：谢蔚宁）

名　青釉碗（标本 HBM06：3）

代　明代中期

尺　口径14.8厘米，底径6.1厘米，高5.5厘米。

形　敞口圆唇，浅弧腹，圈足，青黄釉，施釉及底。器物光素无纹。

（摄影：谢蔚宁）

2. 其他

名 残片（标本HBM06：4）

代 明代中期

形 双方框"溪"字款。

（摄影：谢蔚宁）

三、下坝窑址

（一）窑址概况

　　下坝窑址位于惠东县白盆珠镇白马村委牛径村东北部约600米。窑址中心地理位置GPS坐标为N23°03′，E115°04′，海拔63米。窑址位于山前台地下部，距离水源较近，以水田、林地为主。地表分布有竹子、龙眼树、香蕉等。东部较近处有一规模较大的近代墓葬。西北距白马河约90米。相对高度较低。坡向为南—北走向，坡度为25°～35°。土壤以黄褐色、红褐色等土壤为主。下坝窑址保存状况较差，大部分遭人为破坏。地表遗物分布面积约100平方米。

2019HBM07Y1断面

2019HBM07Y1局部

　　下坝窑址在路一侧坡地断面发现有窑壁残存，且附近地表散落少量青瓷片及窑砖等。窑炉小部分处于掩埋状态，残存较少，能见部分窑顶券顶窑砖、平砖等，裸露部分灰砂窑壁，大部分已被人为破坏，保存状况较差。窑址三面环山，地表种有桉树等植物；南部修建有小路，窑炉破坏情况严重，此区域散落较多匣钵、窑砖残件；西部竹林中地表青瓷产品零星分布，窑砖散落分布面积较大，未发现完整窑砖。下坝窑址采集和出土遗物包括青釉碗、青釉灯盏、青釉砚、匣钵等。

（二）器物标本

1. 碗

名　青釉碗（标本HBM07：3）

代　明代中期

尺　口径14.6厘米，底径6.4厘米，高5.5厘米。

形　敞口圆唇，浅曲弧腹，圈足，青绿釉，足端裹釉，外底无釉，釉面开片较小。外壁刻划菊瓣纹。外底有垫饼垫烧的痕迹。

（摄影：谢蔚宁）

名　青釉小碗（标本HBM07：13）

代　明代中期

尺　口径10.3厘米，底径5.5厘米，高4.6厘米。

形　敞口圆唇，深曲弧腹，圈足，青绿釉，足端裹釉，外底无釉。外壁刻划菊瓣纹与弦纹组合装饰。口沿有窑粘，外底有垫饼垫烧的痕迹。

（摄影：谢蔚宁）

名 青釉碗（标本HBM07：15）

代 明代中期

尺 口径14.8厘米，底径6.5厘米，高5.5厘米。

形 敞口圆唇，浅弧腹，圈足，青绿釉，足端裹釉，外底无釉。外壁刻划菊瓣纹。

（摄影：谢蔚宁）

2. 灯盏

名　灯盏（标本HBM07∶8）

代　明代中期

尺　口径10厘米，高2.3厘米。

形　敞口圆唇，弧腹，平底微凹，
　　釉色墨绿，施釉不及底。

　　（摄影：谢蔚宁）

3. 砚

名 砚（标本 HBM07：1）

代 明代中期

尺 口径12.4厘米，底径6.1厘米，高3.1厘米。

形 直口圆唇，台面圆形微凹，直口圆唇，与台面间有一道较深凹槽。外壁斜弧腹。圈足，圈足酱色。釉色青绿，台面无釉，外壁施釉不及底。器身有窑粘，足端粘黏细沙。

（摄影：谢蔚宁）

4. 窑具

名　垫饼（标本HBM07：14）

代　明代中期

（摄影：谢蔚宁）

名　M形匣钵（标本HBM07：10）

代　明代中期

尺　直径16.8厘米，高6.1厘米。

形　外壁刻划字符"上"。

（摄影：谢蔚宁）

四、三官坑窑址

（一）窑址概况

　　三官坑窑址位于惠东县白盆珠镇横江村委大窑自然村西北部约100米。窑址中心地理位置GPS坐标为N23°03′，E115°03′，海拔64米。窑址位于河沟两侧山坡近底部区域，距离水源较近。以水田、林地为主。相对高度1～3.4米左右。溪流为东北—西南流向。土壤为黄褐色、红褐色等。地表生长有桂木、竹子、龙眼树、低矮灌木等。距离50米左右为大窑村居民居住区，交通较便利，有村道直通大窑村。三官坑窑址保存状况较好。地表遗物分布面积约5000平方米。

　　窑址发现有5处窑炉遗迹和2处其他遗迹。三官坑窑址地表遗物分布范围广泛，主要在三官坑、铜锣锤排以及东北部童子窝3处区域。遗物以匣砵、垫饼和青绿釉瓷碗的瓷片为主。窑址采集和出土的遗物包括大量青釉碗、青釉盘、青釉碟、青釉灯盏、青釉杯、青釉盖、匣钵等。

三官坑窑址地表遗物堆积

三官坑窑址地表遗物堆积

2019HHJ05Y2俯视图片

2019HHJ05Y2全景（南一北）

（二）器物标本

1. 碗

🏷 青釉碗（标本 HHJ05：1）

🕰 明代中期

📏 口径14.4厘米，底径6.7厘米，高6.8厘米。

🔷 敞口圆唇，深曲腹，圈足，墨绿色釉，施釉及底，足端裹釉。内底模印纹样模糊不清。

（摄影：谢蔚宁）

名 青釉碗（标本HHJ05：2）

代 明代中期

尺 口径14.5厘米，底径6.3厘米，高5.3厘米。

形 敞口圆唇，浅曲腹，圈足，灰胎，墨绿色釉，施釉及底，足端裹釉。内底模印圆框"清"字款，外壁刻划菊瓣纹。

（摄影：谢蔚宁）

名　青釉钵形碗（标本 HHJ05：16）

代　明代中期

尺　口径16.4厘米，底径7.6厘米，
高10.3厘米。

形　器物变形。敛口圆唇，深曲腹，
圈足，青绿色釉，口沿无釉，外
壁施釉及底，釉面小开片。原器
应带盖。

（摄影：谢蔚宁）

名 青釉碗（标本HHJ05：32）

代 明代中期

尺 口径14厘米，底径6.5厘米，高5.8厘米。

形 敞口圆唇，浅弧腹，圈足，墨绿色釉偏绿，施釉及底，足端裹釉，底足酱色。外壁刻划单弦纹与菊瓣纹装饰。内底缩釉。

（摄影：谢蔚宁）

名　青釉碗（标本 HHJ05：114）

代　明代中期

尺　口径17.7厘米，底径6.7厘米，
　　高7.7厘米。

形　敞口圆唇，浅曲弧腹，圈足，青
　　绿色釉，施釉及底，足端裹釉。
　　外壁刻划弦纹与菊瓣纹装饰。

（摄影：谢蔚宁）

名 青釉碗（标本HHJ05：116）

代 明代中期

尺 口径14.9厘米，底径6.9厘米，
高6.2厘米。

形 敞口圆唇，深弧腹，圈足，青绿
色釉，施釉及底，足端裹釉。外
壁刻划弦纹与菊瓣纹装饰。

（摄影：谢蔚宁）

名 青釉碗（标本HHJ05：148）

代 明代中期

尺 口径14.6厘米，底径6.6厘米，高7厘米。

形 敞口圆唇，深曲弧腹，圈足，灰胎，墨绿色釉，施釉及底。内底模印圆框"福"字款，外壁刻划弦纹与菊瓣纹装饰。

（摄影：谢蔚宁）

名　青釉碗（标本HHJ05：152）

代　明代中期

尺　口径14.1厘米，底径6.4厘米，高6.5厘米。

形　敞口圆唇，深弧腹，圈足，灰胎，墨绿色釉，施釉及底，足端裹釉。外壁刻划弦纹与菊瓣纹装饰。

（摄影：谢蔚宁）

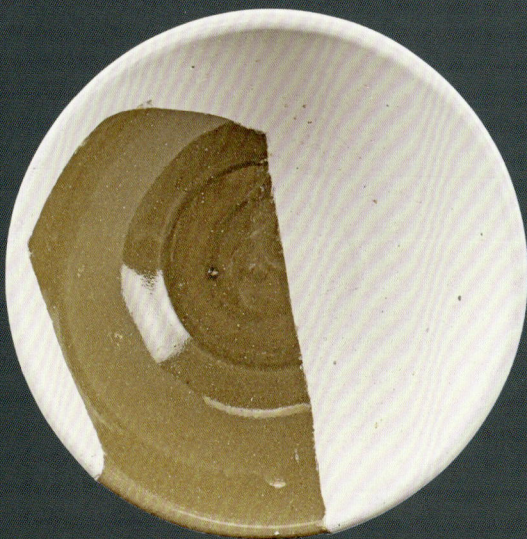 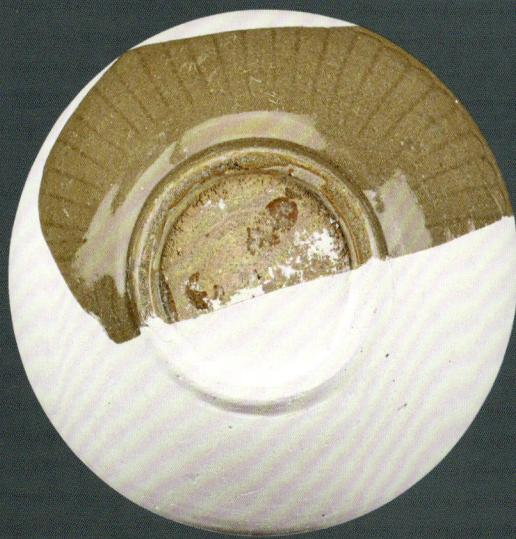

名 青釉碗（标本 HHJ05TG1②：60）

代 明代中期

尺 口径14.2厘米，底径6.6厘米，高
5.6厘米。

形 敞口圆唇，浅弧腹，圈足，灰白
胎，青灰色釉，施釉及底。外壁刻
划菊瓣纹装饰。

（摄影：谢蔚宁）

名 青釉碗（标本HHJ05：152）

代 明代中期

尺 口径14.1厘米，底径6.4厘米，高6.5厘米。

形 敞口圆唇，深弧腹，圈足，灰胎，墨绿色釉，施釉及底，足端裹釉。外壁刻划弦纹与菊瓣纹装饰。

（摄影：谢蔚宁）

名 青釉小碗（标本HHJ05TG1①：1）

代 明代中期

尺 口径11厘米，底径5.3厘米，高5.1～5.4厘米。

形 器物变形。敞口圆唇，深曲弧腹，圈足，青绿色釉，施釉及底，足端裹釉。内底模印圆框"福"字款，外壁刻划弦纹与菊瓣纹装饰。釉面有缩釉现象。

（摄影：谢蔚宁）

名 青釉碗（标本HHJ05TG1①：4）

代 明代中期

尺 口径15.1厘米，底径6.4厘米，
高6.3厘米。

形 敞口圆唇，浅曲腹，圈足，青绿
色釉，施釉及底，足端裹釉。内
底模印圆框"福"字款，外壁刻
划弦纹与菊瓣纹装饰。

（摄影：谢蔚宁）

名 青釉碗（标本HHJ05TG1②：41）

代 明代中期

尺 口径14.6厘米，底径6.5厘米，高6.1厘米。

形 敞口圆唇，深弧腹，圈足，橘红色胎，青黄色釉，施釉及底，
釉面小开片。外壁刻划弦纹与菊瓣纹装饰。

（摄影：谢蔚宁）

名 青釉碗（标本 HHJ05TG1②：46）

代 明代中期

尺 口径13.9厘米，底径6厘米，高6厘米。

形 敞口圆唇，浅曲弧腹，圈足，灰白胎，墨绿色釉偏青，施釉及底，足端裹釉。内底模印圆框"福"字款，外壁刻划弦纹与菊瓣纹装饰。

（摄影：谢蔚宁）

名 青釉碗（标本HHJ05TG1②：59）

代 明代中期

尺 口径14.8厘米，底径6.4厘米，高7.1厘米。

形 器物变形。敞口圆唇，深曲弧腹，圈足，青绿色釉，施釉及底，足端裹釉。内底模印"禄"字款，外壁刻划弦纹与菊瓣纹装饰。

（摄影：谢蔚宁）

名　青釉碗（标本HHJ05TG1②：60）

代　明代中期

尺　口径14.2厘米，底径6.6厘米，高
5.6厘米。

形　敞口圆唇，浅弧腹，圈足，灰白
胎，青灰色釉，施釉及底。外壁刻
划菊瓣纹装饰。

（摄影：谢蔚宁）

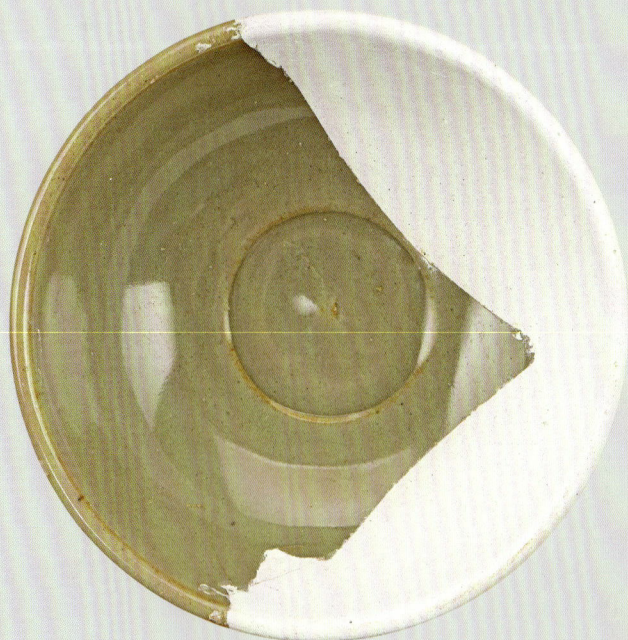

名 青釉碗（标本HHJ05TG1②：76）

代 明代中期

尺 口径14.9厘米，底径6.3厘米，高7厘米。

形 敞口圆唇，深曲弧腹，圈足，灰白胎，青绿色釉，
施釉及底，足端裹釉。内底模印圆框"福"字款，
外壁刻划弦纹与菊瓣纹装饰。

（摄影：谢蔚宁）

名 青釉碗（标本HHJ05TG1②：79）

代 明代中期

尺 口径13.6厘米，底径6.3厘米，高5.7厘米。

形 敞口圆唇，浅曲弧腹，圈足，墨绿色釉，施釉
　　及底，足端裹釉。外壁刻划菊瓣纹装饰。外底
　　粘连垫饼。

（摄影：谢蔚宁）

名　青釉碗（标本HHJ05TG1②：107）

代　明代中期

尺　口径14.3厘米，底径6.8厘米，高
　　5.2厘米。

形　敞口圆唇，浅曲腹，圈足，墨绿色
　　釉，施釉及底。内底模印锭形框反
　　文"公正"款，外壁刻划弦纹与菊
　　瓣纹装饰。

　　（摄影：谢蔚宁）

名 青釉碗（标本HHJ05TG1④：16）

代 明代中期

尺 口径13.5厘米，底径6.1厘米，高6.2厘米。

形 敞口圆唇，深弧腹，圈足，灰白胎，青绿色釉，施釉及底，足端裹釉。外壁刻划菊瓣纹装饰。外壁有缩釉现象，底足酱色，外底有粘连垫饼的痕迹。

（摄影：谢蔚宁）

名 青釉碗（标本HHJ05TG1④：54）

代 明代中期

尺 口径14.6厘米，底径6.6厘米，高6厘米。

形 敞口圆唇，浅弧腹，圈足，灰白胎，青绿色釉，施釉及底，足端裹釉。外壁刻划菊瓣纹装饰。

（摄影：谢蔚宁）

名　青釉碗（标本HHJ05TG1④：150）

代　明代中期

尺　口径13.2厘米，底径5.8厘米，高6厘米。

形　敞口圆唇，深曲腹，圈足，灰白胎，青绿色釉，施釉及底，足端裹釉。外壁刻划菊瓣纹装饰。

（摄影：谢蔚宁）

名 青釉碗（标本HHJ05TG1采：82）

代 明代中期

尺 口径13.2～14厘米，底径6.6厘米，高5.5～6厘米。

形 器物变形。敞口圆唇，深曲弧腹，圈足，青绿色釉，
施釉及底，足端裹釉。外壁刻划弦纹与菊瓣纹装饰。
口、足酱色，外底粘连垫饼。

（摄影：谢蔚宁）

 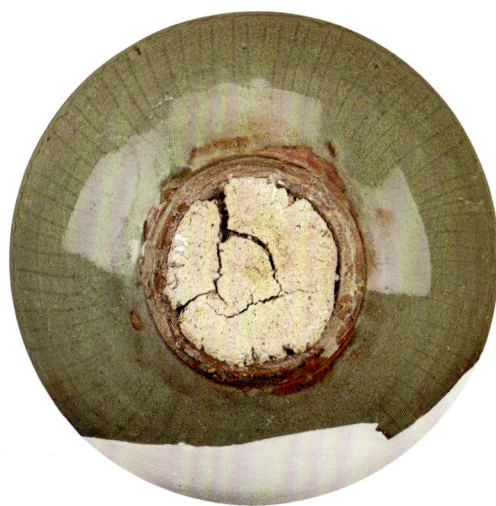

2. 盘

名　青釉盘（标本HHJ05：13）

代　明代中期

尺　口径14厘米，底径6.3厘米，高3厘米。

形　敞口圆唇，浅弧腹，圈足，墨绿色釉，施釉不及底。

（摄影：谢蔚宁）

名　青釉盘（标本 HHJ05：46）

代　明代中期

尺　口径16.7厘米，底径7.8厘米，高3.6厘米。

形　敞口圆唇，沿外折，浅曲弧腹，圈足，青绿色
　　釉，施釉及底，足端裹釉。内壁刻划竖划纹。

（摄影：谢蔚宁）

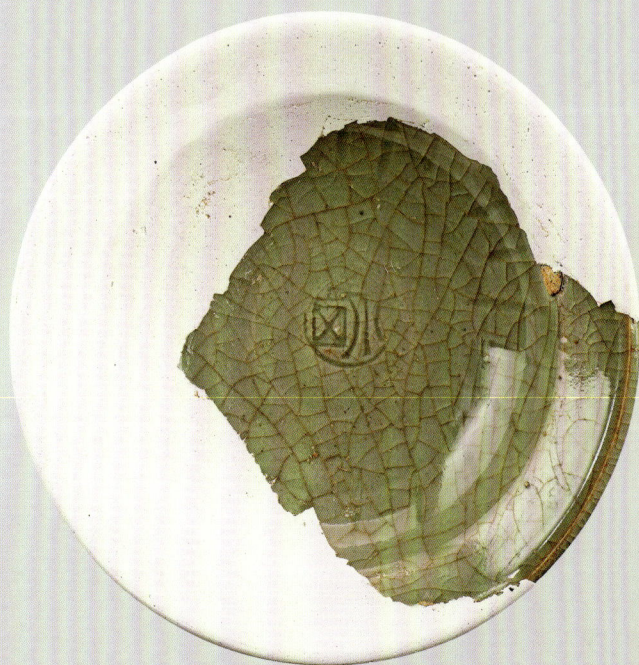

名 青釉盘（标本HHJ05：113）

代 明代中期

尺 口径16.7厘米，底径7.8厘米，高3.6厘米。

形 敞口圆唇，沿外折，浅曲弧腹，圈足，青绿色釉，釉面开片较大，施釉及底，足端裹釉。内壁刻划竖划纹，内底模印圆框反书"福"字款。

（摄影：谢蔚宁）

3. 碟

名 青釉碟（标本HHJ05：50）

代 明代中期

尺 口径10.5厘米，底径5.3厘米，高2.6厘米。

形 敞口圆唇，浅弧腹，圈足，青绿色釉，施釉及底。内壁刻划竖划纹。

（摄影：谢蔚宁）

名 青釉碟（标本HHJ05：84）

代 明代中期

尺 口径9.5厘米，底径5.3厘米，高2.8厘米。

形 敞口圆唇，浅曲弧腹，圈足，墨绿色釉，施釉及底。
内壁刻划竖划纹，内底模印圆框"福"字款。

（摄影：谢蔚宁）

4. 灯盏

名 青釉灯盏（标本 HHJ05：141）

代 明代中期

尺 口径10.5厘米，底径5.1厘米，高3.7厘米。

形 敞口圆唇，浅弧腹，平底，灰胎，青黄釉，外壁施釉至下腹。器表有大量黄色斑点。

（摄影：谢蔚宁）

5.杯

名　青釉杯（标本HHJ05TG1①：8）

代　明代中期

尺　口径7.6～8厘米，底径3.7厘米，高3.2～3.8厘米。

形　器物严重变形。外壁刻划菊瓣纹装饰。

（摄影：谢蔚宁）

名 青釉高足杯（标本 HHJ05TG1①：14）

代 明代中期

形 口腹残，残存喇叭状高足，足实心。

（摄影：谢蔚宁）

名 青釉高足杯（标本 HHJ05TG1①：49）

代 明代中期

形 口腹残，残存喇叭状高足，足实心，高足外做竹节状装饰。

（摄影：谢蔚宁）

6. 盖

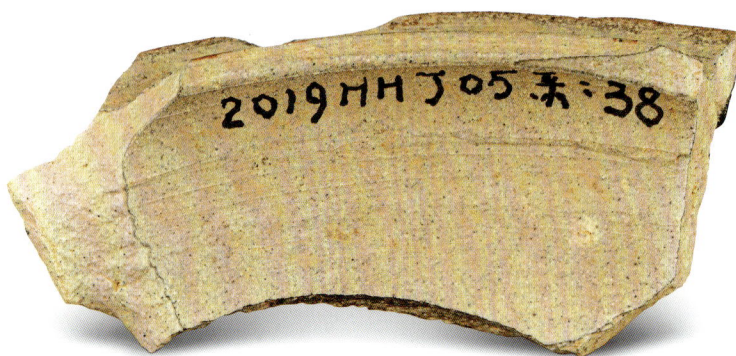

名 青釉盖（标本HHJ05：38）

代 明代中期

形 残器，盖顶缺，盖面弧，沿外折，
青绿釉。盖面刻划卷草纹。

（摄影：谢蔚宁）

7. 窑具

名 M形匣钵（标本HHJ05：18）

代 明代中期

形 外壁刻划"三"。

（摄影：谢蔚宁）

名 匣钵盖（标本HHJ05TG1②：23）

代 明代中期

（摄影：谢蔚宁）

名 筒形匣钵（标本 HHJ05：94）

代 明代中期

形 残器。仅存底，底部带箅子。

（摄影：谢蔚宁）

名 "清"字款印模（标本 HHJ05：115）

代 明代中期

形 正面"清"字，反面"上"字。

（摄影：谢蔚宁）

名 垫饼（标本HHJ05：20）

代 明代中期

（摄影：谢蔚宁）

名 垫圈（标本HHJ05TG1①：3）

代 明代中期

（摄影：谢蔚宁）

名 火照（标本HHJ05TG1④：64）

代 明代中期

（摄影：谢蔚宁）

名 刮削器（标本HHJ05TG1④：88）

代 明代中期

形 残器，推测为缸等大件器物的修圆器。

（摄影：谢蔚宁）

8. 其他

名　残片（标本HHJ05：31）

代　明代中期

形　纹样不清。

　　（摄影：谢蔚宁）

名　残片（标本HHJ05：51）

代　明代中期

形　模印莲花纹。

　　（摄影：谢蔚宁）

名　残片（标本HHJ05：117）

代　明代中期

形　模印方框"溪"字款。
　　（摄影：谢蔚宁）

名　残片（标本HHJ05：139）

代　明代中期

形　模印方框阳文"溪"字款。
　　（摄影：谢蔚宁）

名　残片（标本HHJ05：42）

代　明代中期

形　模印方框阳文"溪"字款。
　　（摄影：谢蔚宁）

名 残片（标本HHJ05：43）

代 明代中期

形 模印方框"山溪"字款。

（摄影：谢蔚宁）

名 残片（标本HHJ05：44）

代 明代中期

形 模印方框"×溪"字款。

（摄影：谢蔚宁）

名 残片（标本HHJ05：98）

代 明代中期

形 模印"福"字款。

（摄影：谢蔚宁）

名 残片（标本HHJ05：78）

代 明代中期

形 模印花框"福"字款。

（摄影：谢蔚宁）

名 残片（标本HHJ05：85）

代 明代中期

形 模印花框反书"寿"字款。

（摄影：谢蔚宁）

名 残片（标本HHJ05：86）

代 明代中期

形 模印圆框"靖"字款。

（摄影：谢蔚宁）

名 残片（标本HHJ05：109）

代 明代中期

形 模印锭形框"公正"款。

（摄影：谢蔚宁）

名 残片（标本HHJ05：87）

代 明代中期

形 模印花框"公正"款。

（摄影：谢蔚宁）

名 残片（标本HHJ05：90）

代 明代中期

形 模印方框反文"壳溪"款。

（摄影：谢蔚宁）

名 残片（标本HHJ05：111）

代 明代中期

形 模印圆框"用"字款。

（摄影：谢蔚宁）

名 残片（标本HHJ05：112）

代 明代中期

形 款识模糊不清。

（摄影：谢蔚宁）

名 残片（标本HHJ05TG1①：23）

代 明代中期

彤 模印方框"清"字款。

（摄影：谢蔚宁）

名 残片（标本HHJ05TG1④：84）

代 明代中期

彤 模印圆框"寿"字款。

（摄影：谢蔚宁）

五、石鼓岭窑址

（一）窑址概况

石鼓岭窑址位于惠东县白盆珠镇横江村委大窑自然村东部约115米。窑址中心地理位置GPS坐标为 N23°03′，E115°03′，海拔59米。石鼓岭窑址位于山坡近底部区域，距离水源较近。以水田、林地、荒地为主。相对高度1～3米左右；为南—北坡向，坡度为30°～51°。古河道为东北—西南流向，距离古河道1.5米。土壤为黄褐色、红褐色等。地表生长有竹子、桂木、低矮灌木等。距离115米左右为大窑村居民居住区，村内交通较便利，有村道直通大窑村。石鼓岭窑址保存状况一般。地表遗物分布面积约1000平方米。

窑址发现有残存的窑炉遗迹三处。石鼓岭窑址地表遗物主要分为两个区域，第1区域为窑址南部，第2区域为窑址北部。窑址第1区域地表植被茂密，杂草丛生，部分地表处于裸露状态，散落大量青瓷残片、垫饼、匣钵残件，少量窑砖残件等，该区域发现一处窑炉遗迹；第2区域大部分被灌木覆盖，地表散落较多青瓷产品残件，散落较多匣钵残片，少量垫饼垫柱，该区域发现两处窑炉遗迹。窑址采集和出土的遗物包括大量青釉碗、青釉盘、青釉杯、青釉盖、匣钵、垫饼、垫柱等。

石鼓岭窑址地表遗物堆积

石鼓岭窑址地表遗物堆积

2019HHJ06Y1窑壁断面

2019HHJ06Y2全景

（二）器物标本

1. 碗

名　青釉碗（标本HHJ06：2）

代　明代中期

尺　口径15厘米，底径6厘米，高 5.8厘米。

形　敞口圆唇，浅弧腹，圈足，釉色 青黄，釉面有大量黄白斑点。外 壁施釉不及底，内底刮釉一圈涩 圈。内底模印"正"字款，器物 外壁刻划弦纹与菊瓣纹装饰。器 物内底见有叠烧痕迹。

（摄影：谢蔚宁）

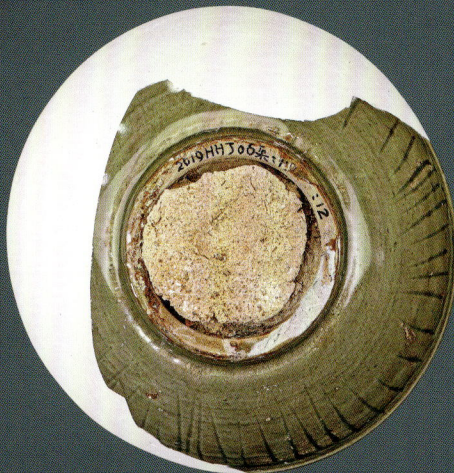

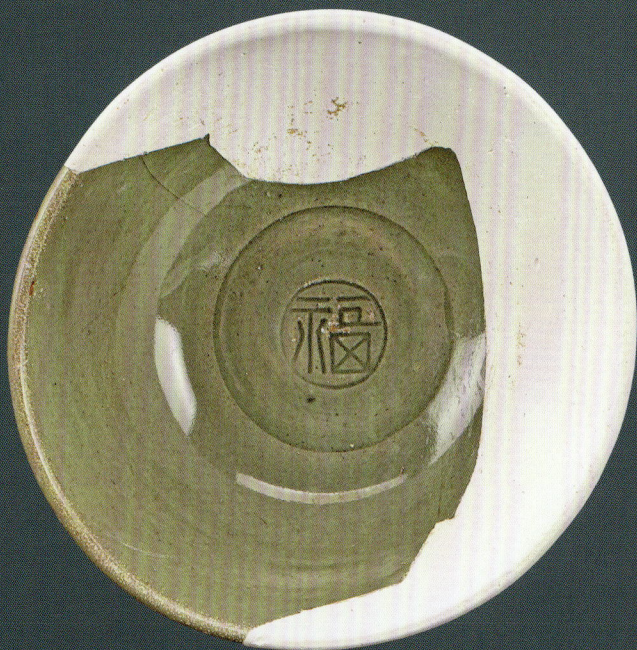

名 青釉碗（标本HHJ06：12）

代 明代中期

尺 口径14.0厘米，底径6.1厘米，
高5.7厘米。

形 敞口圆唇，深弧腹，圈足，胎色
灰白，釉色青绿，施釉及底。器
物内底模印圆框"福"字款，外
壁刻划双弦纹与菊瓣纹组合装
饰。器底粘连垫饼。

（摄影：谢蔚宁）

名 青釉小碗（标本HHJ06：22）

代 明代中期

尺 口径10.8厘米，足径5厘米，高
4.1厘米。

形 敞口圆唇，浅曲弧腹，假圈足，
釉色青灰，器物涩底，外壁施釉
不及底。器物光素无纹。

（摄影：谢蔚宁）

名 青釉碗（标本HHJ06：24）

代 明代中期

尺 口径13.9厘米，底径6厘米，高5.8厘米。

彤 敞口圆唇，深弧腹，圈足，釉色青绿圈，施釉及底。外壁刻划菊瓣纹，腹部有窑粘，足端粘连有垫烧物。

（摄影：谢蔚宁）

2. 盘

名 青釉盘（标本HHJ06：41）

代 明代中期

尺 口径14.4厘米，底径8.5厘米，高2.5厘米。

形 敞口圆唇，沿外撇，浅弧腹，圈足，胎色灰白，釉色青绿，器物内底刮
釉一圈涩圈，外壁施釉及底。内底涩圈处见有叠烧痕。

（摄影：谢蔚宁）

3. 杯

名 青釉杯（标本HHJ06：1）

代 明代中期

尺 口径5.9厘米，底径4.1厘米，高3.4厘米。

形 敞口圆唇，深弧腹，假圈足，底微凹，釉色青绿，釉面小开片。施釉及底。内底落渣。

（摄影：谢蔚宁）

名 高足杯（标本 HHJ06：25）

代 明代中期

尺 底径5.2厘米。

形 口腹残。喇叭状实心高足，灰
胎，釉色青绿。施釉不及底，高
足下部无釉，高足无釉处酱色。
内底落渣。

（摄影：谢蔚宁）

4. 盖

名　青釉盖（标本HHJ06：15）

代　明代中期

形　残器，盖顶缺，盖面弧，盖沿外
　　折。青绿釉，釉面开片。外壁刻
　　划异形莲瓣装饰。

（摄影：谢蔚宁）

名　青釉盖（标本HHJ06：29）

代　明代中期

尺　盖纽直径6.2厘米，盖直径15～
　　16.1厘米，高6.0厘米。

形　盖面变形。圆饼形纽，纽顶凹，
　　盖面曲弧收，圆沿外撇，胎色灰
　　白，釉色青绿，器表大量黄白斑
　　点。盖内无釉，外满釉。盖顶菊
　　瓣纹装饰，下方以单弦纹分隔，
　　盖面近沿处饰缠枝纹装烧。

（摄影：谢蔚宁）

5. 窯具

名 垫柱（标本HHJ06：10）

代 明代中期

尺 上径11.1厘米，底径11.6厘米，
高8.1厘米。

（摄影：谢蔚宁）

名 垫饼（标本HHJ06：20）

代 明代中期

（摄影：谢蔚宁）

名 M形匣钵（标本HHJ06：17）

代 明代中期

尺 口径19.3厘米，底径18.7厘米，
高6.1厘米。

（摄影：谢蔚宁）

名 烧造工艺（标本 HHJ06：7）

代 明代中期

形 白马窑多件叠烧工艺。

（摄影：谢蔚宁）

六、黄竹塘窑址

（一）窑址概况

　　黄竹塘窑址位于惠东县白盆珠镇横江村委新陂自然村北部约2千米。窑址中心地理位置GPS坐标为 N23°04′，E 115°03′，海拔92米。窑址位于山坡近底部区域，距西侧水源较近；以林地为主；相对高度2.5～3.8米左右；窑址北部与溪流接近，溪流为西南—东北流向；土壤为黄褐色、红褐色等；地表生长有桂木、竹子、桉树、低矮灌木等；窑址附近原有村庄，因白盆珠水库建设需要，均移民外地，距离2000米左右为新陂村居民居住区，有蜿蜒小路与外相通。黄竹塘窑址保存状况一般。地表遗物分布面积约1000平方米。

　　黄竹塘窑址发现1处窑炉残存，遭人为破坏，保存状况较差。窑炉附近地表散落较多匣钵、窑砖残件，接近北部山路两侧地表发现大量青瓷产品堆积。窑址的北部新修建山路，人为破坏情况严重，此区域散落较多青瓷片、匣钵、窑砖等残件。窑址东部地表有青瓷片产品、匣钵等零星分布，遗物相对较少。该窑址采集和出土的遗物包括有青釉碗、青釉盘、垫饼、垫圈等。

黄竹塘窑址地表遗物堆积

黄竹塘窑址地表遗物堆积

2019HHJ07Y1局部

（二）器物标本

1. 碗

名 青釉碗（标本 HHJ07：1）

代 明代中期

尺 口径 14.7 厘米，底径 6.8 厘米，高 6.6 厘米。

形 敞口圆唇，深弧腹，圈足，青绿釉，施釉及底，足端裹釉。
外壁刻划弦纹与菊瓣纹组合装饰。外底有垫具垫烧的痕迹。

（摄影：谢蔚宁）

名 青釉碗（标本HHJ07：6）

代 明代中期

尺 口径13.7厘米，底径6厘米，高6厘米。

形 敞口圆唇，深曲弧腹，圈足，墨绿釉，施釉及底，足端裹釉。外壁刻划弦纹与菊瓣纹组合装饰。外底有垫具垫烧的痕迹。

（摄影：谢蔚宁）

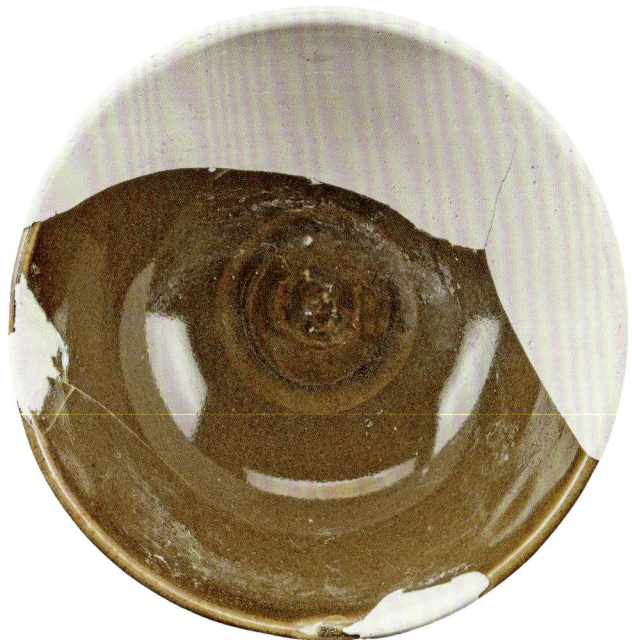

名　青釉碗（标本 HHJ07：15）

代　明代中期

尺　口径 14.5 厘米，底径 6.8 厘米，高 5.5 厘米。

形　敞口圆唇，浅曲弧腹，圈足，青绿釉，施釉及底，足端裹釉。外壁刻划菊瓣纹装饰。外底有垫具垫烧的痕迹。

（摄影：谢蔚宁）

名 青釉碗（标本HHJ07：16）

代 明代中期

尺 口径14.6厘米，底径6.1厘米，
高7厘米。

形 敞口圆唇，浅弧腹，圈足，青黄
釉，施釉及底，釉面小开片。外
壁刻划弦纹与菊瓣纹组合装饰。

（摄影：谢蔚宁）

2. 盘

名　青釉盘（标本 HHJ07：11）

代　明代中期

尺　口径16.8厘米，底径7.2厘米，高4.2厘米。

形　敞口圆唇，宽沿外折，浅曲弧腹，圈足，青黄色釉，施釉及底，釉面小开片。内壁刻划竖划纹装饰。

（摄影：谢蔚宁）

3. 窑具

名 垫圈（标本HHJ07：2）

代 明代中期

（摄影：谢蔚宁）

名 垫饼（标本HHJ07：14）

代 明代中期

（摄影：谢蔚宁）

4. 其他

名　残片（标本HHJ07：14）

代　明代中期

彤　"福"字款。

（摄影：谢蔚宁）

七、犁头坑窑址

（一）窑址概况

犁头坑窑址位于惠东县白盆珠镇横江村委新陂自然村东北约580米。窑址中心地理位置GPS坐标为 N23°04′，E115°03′，海拔76米。窑址位于山坡近底部区域，距水源较近。以种植园、林地为主。相对高度处于3～4米左右。坡向为东西走向，坡度为26°～33°。溪流为北—南流向，距附近溪流约30米。土壤为黄褐色、红褐色等。地表生长有竹子、桉树、低矮灌木等。距离580米左右为新陂村居民居住区，有道路直通犁头坑。犁头坑窑址保存状况一般，局部遭人为破坏，部分窑址区域处于未开发状态。地表遗物分布面积约400平方米。

犁头坑窑址地表植被茂密，底部散落大量青瓷残片、垫饼、匣钵残件，少量窑砖残件，山坡区域零星有遗物分布，部分被植被所覆盖。该窑址采集和出土的遗物包括青釉碗、青釉盘、青釉灯盏、青釉杯、青釉洗、青釉盖、匣钵、垫饼等。

犁头坑窑址地表遗物堆积

（二）器物标本

1. 碗

名 青釉碗（标本HHJ08：10）

代 明代中期

尺 口径14厘米，底径6厘米，高6厘米。

形 敞口圆唇，浅曲弧腹，圈足，墨绿色釉，施釉及底，足端裹釉。
外壁刻划弦纹与菊瓣纹装饰。

（摄影：谢蔚宁）

名 青釉碗（标本HHJ08：22）

代 明代中期

尺 口径15.6厘米，底径6.1厘米，高6.1厘米。

形 敞口圆唇，浅弧腹，圈足，灰白胎，青绿釉，施釉及底，足端裹釉。外壁刻划卷草纹与菊瓣纹装饰。

（摄影：谢蔚宁）

名　青釉碗（标本HHJ08：25）

代　明代中期

尺　口径14.4厘米，底径6.4厘米，高6.3厘米。

形　敞口圆唇，浅弧腹，圈足，灰白胎，青绿釉，施釉及底，足端裹釉。内底模印圆框"福"字款，外壁刻划卷草纹与菊瓣纹装饰。

（摄影：谢蔚宁）

名 青釉碗（标本HHJ08：26）

代 明代中期

尺 口径15.5厘米，底径5.6厘米，
高5.2厘米。

形 敞口圆唇，浅曲腹，圈足，灰
胎，墨绿釉，施釉及底，足端裹
釉。外壁刻划菊瓣纹。

（摄影：谢蔚宁）

名　青釉碗（标本HHJ08：34）

代　明代中期

尺　口径13.4厘米，底径6厘米，高 5.7厘米。

形　敞口圆唇，深弧腹，圈足，灰白 胎，青绿釉，施釉及底。外壁刻 划弦纹与菊瓣纹装饰。

（摄影：谢蔚宁）

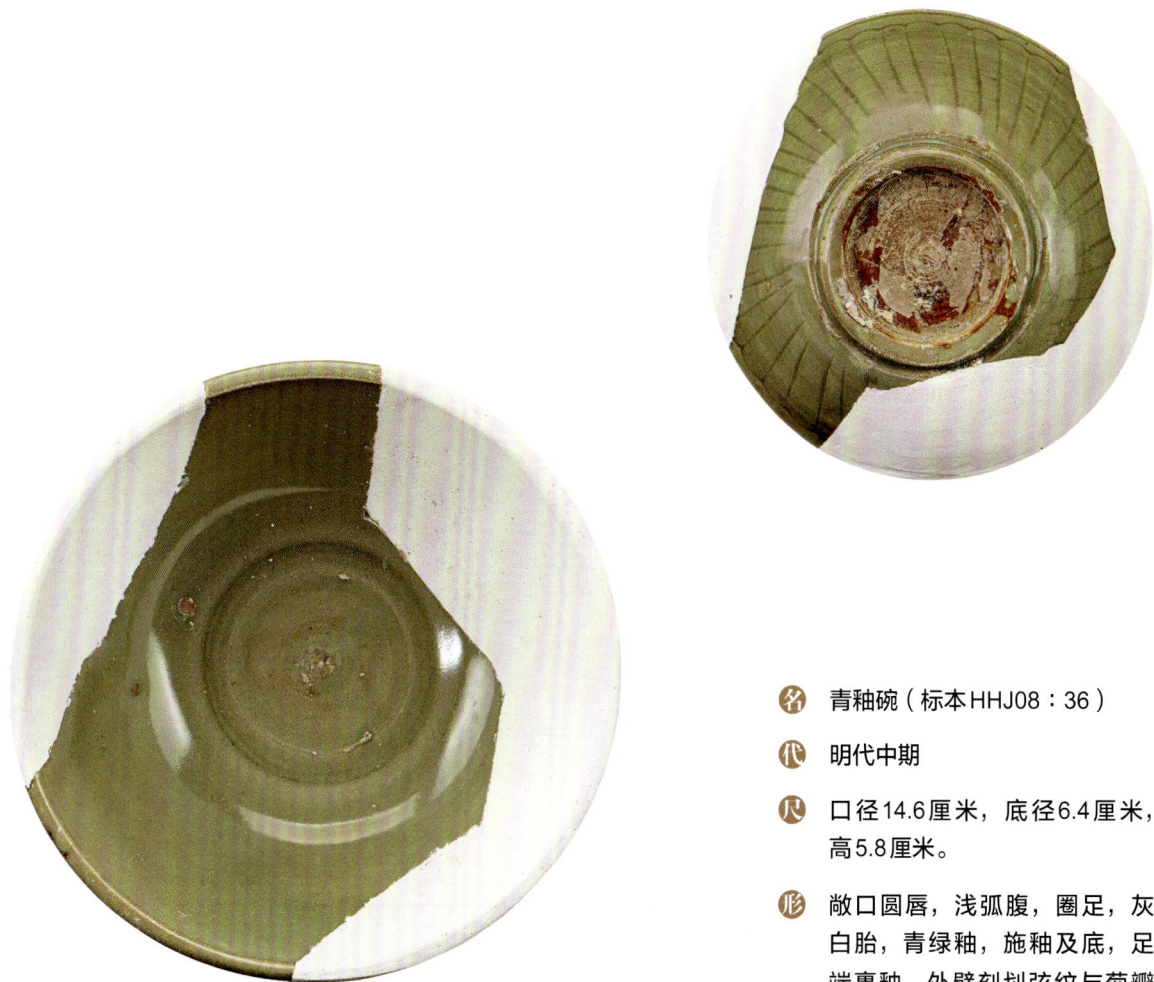

名 青釉碗（标本HHJ08：36）

代 明代中期

尺 口径14.6厘米，底径6.4厘米，高5.8厘米。

形 敞口圆唇，浅弧腹，圈足，灰白胎，青绿釉，施釉及底，足端裹釉。外壁刻划弦纹与菊瓣纹装饰。

（摄影：谢蔚宁）

名　青釉碗（标本HHJ08：41）

代　明代中期

尺　口径14.2厘米，底径6.6厘米，高5.9厘米。

形　敞口圆唇，浅弧腹，圈足，灰白胎，青绿釉，施釉及底，
足端裹釉。外壁刻划弦纹与菊瓣纹装饰。

（摄影：谢蔚宁）

2. 盘

名　青釉盘（标本HHJ08：13）

代　明代中期

尺　口径16.9厘米，底径8.2厘米，
　　高4厘米。

形　敞口圆唇，宽沿外折，浅曲弧
　　腹，圈足，墨绿色釉，施釉及
　　底，足端裹釉。口沿有脱釉。

（摄影：谢蔚宁）

名 青釉盘（标本 HHJ08：24）

代 明代中期

尺 口径16厘米，高4.1厘米。

形 敞口圆唇，沿外折，浅曲弧腹，圈足，灰白胎，青绿色釉，施釉及底，釉面有黄色斑点。

（摄影：谢蔚宁）

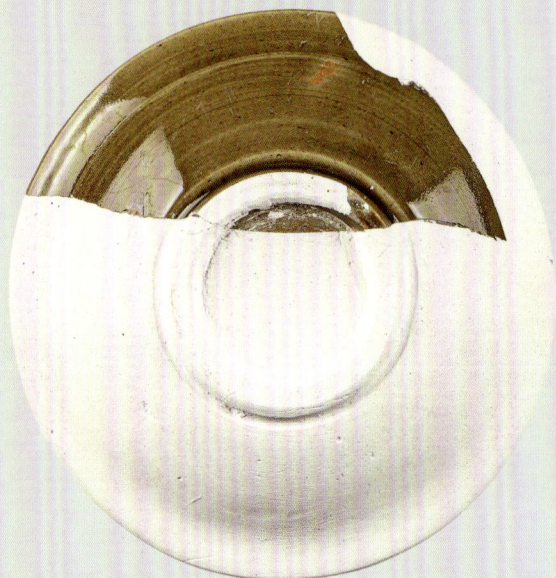

名　青釉盘（标本HHJ08：44）

代　明代中期

尺　口径15.9厘米，高3.3厘米。

形　敞口圆唇，窄沿外折，浅弧腹，圈足，灰胎，墨绿色釉，施釉及底，足端裹釉。内壁刻划竖划纹。外壁釉面有缩釉现象。

（摄影：谢蔚宁）

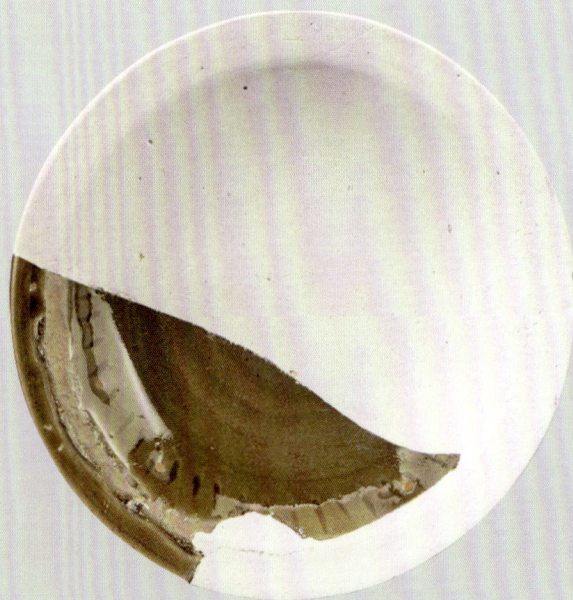

名　青釉大盘（标本HHJ08：28）

代　明代中期

尺　口径18.2厘米，底径6.7厘米，高2.7厘米。

形　直口圆唇，折沿，浅弧腹，圈足，灰胎，青
　　绿色釉偏灰，施釉及底，足端裹釉，口底酱
　　色。内壁刻划竖划纹装饰。外底粘连垫饼。

（摄影：谢蔚宁）

3. 灯盏

名 青釉灯盏（标本HHJ08：20）

代 明代中期

尺 口径9.4～9.9厘米，底径4.5厘米，高2.2～2.8厘米。

形 敞口圆唇，弧腹，平底微凹，灰胎，青绿釉，外壁施釉至下腹。

（摄影：谢蔚宁）

4. 杯

名 青釉杯（标本HHJ08：35）

代 明代中期

尺 口径7.4厘米，底径4.6厘米，高4.1厘米。

形 敞口圆唇，深曲弧腹，圈足，灰白胎，青灰色釉，施釉及底，釉面有黄色斑点。

（摄影：谢蔚宁）

5. 洗

名 青釉洗（标本HHJ08：42）

代 明代中期

尺 口径19.5厘米，底径6.6厘米，高5.7～6.7厘米。

形 器物变形。敞口圆唇，窄沿外折，浅曲弧腹，圈足，灰白胎，墨绿色釉偏青，施釉及底，足端裹釉。外壁上部四道弦纹。内心模印纹饰残损不清。

（摄影：谢蔚宁）

6. 盖

名　青釉盖（标本HHJ08：50）

代　明代中期

形　残器，仅存盖面，青绿釉偏灰，
　　釉面开片。盖面刻划花草纹。

（摄影：谢蔚宁）

7. 窑具

名 垫柱（标本 HHJ08：6）

代 明代中期

尺 直径4.2厘米，高4.5厘米。

（摄影：谢蔚宁）

名 垫饼（标本 HHJ08：48）

代 明代中期

（摄影：谢蔚宁）

名 M形匣钵（标本 HHJ08：15）

代 明代中期

尺 高7.4厘米。

形 残器，外壁刻划异形符号。

（摄影：谢蔚宁）

八、圆墩背窑址

（一）窑址概况

　　圆墩背窑址位于惠东县白盆珠镇共和村委孙坑自然村东南约900米。窑址中心地理位置GPS坐标为N23°02′，E115°02′，海拔92米。圆墩背窑址位于山坡近底部区域，距离水源较近。以水田、林地、荒地为主。相对高度2～3.5米左右。坡向为南北走向，坡度为25°～40°。距离古河道孙坑水源头8米，古河道为东南—西北流向。土壤为黄褐色、红褐色等。地表生长有人工种植的桉树等植物。距离北部约900米左右为孙坑村居民居住区，村内交通较便利，村道直通北部S356。圆墩背窑址保存状况一般，局部遭人为破坏。地表遗物分布面积约500平方米。

　　圆墩背窑址发现一处窑炉遗迹，遭人为破坏严重。窑炉附近地表植被茂密，地表散落较多窑砖、匣钵残件，少量青瓷产品残件等。

　　圆墩背窑址遗物堆积和窑炉等遗迹集中在中东部，山坡中下区域零星分布匣钵残件、青瓷残片等。该窑址采集和出土的遗物包括青釉碗、青釉盘、青釉碟、匣钵等。

圆墩背窑址地表遗物堆积

圆墩背窑址地表遗物堆积

2019HGH01Y1局部

（二）器物标本

1. 碗

名 青釉碗（标本 HGH01：4）

代 明代中期

尺 口径 14.6 厘米，底径 6.5 厘米，高 6 厘米。

形 敞口圆唇，浅曲弧腹，圈足，青绿釉，外壁施釉不及底，外壁有流釉，器表酱色。内底模印"福"字款，外壁刻划装饰菊瓣纹。

（摄影：谢蔚宁）

名　青釉碗（标本HGH01：55）

代　明代中期

尺　口径14.6厘米，底径6.7厘米，高4.8厘米。

形　敞口圆唇，浅曲腹，圈足，灰白胎，青绿釉偏黄，施釉及底，口底酱色。内底模印"公用"款，外壁刻划一周弦纹。足端粘连垫烧物。

（摄影：谢蔚宁）

名 青釉碗（标本HGH01：57）

代 明代中期

尺 口径15.5厘米，底径6.8厘米，高5.8厘米。

形 敞口圆唇。浅弧腹，圈足，灰白胎，青绿釉，施釉及底，釉面有黄色斑点。内底模印方框"福"字款。

（摄影：谢蔚宁）

名 青釉小碗（标本HGH01：18）

代 明代中期

尺 口径9.8～10.3厘米，底径5.4厘米，高4.2～4.4厘米。

形 器物变形。敞口圆唇，浅弧腹，圈足，青黄釉偏绿，施釉及底，釉面大量黄色斑点。内底模印方框"用"字款，外壁刻划弦纹与菊瓣纹组合装饰。

（摄影：谢蔚宁）

2. 盘

名　青釉盘（标本 HGH01：2）

代　明代中期

尺　口径15.1厘米，底径7.1厘米，高3.6厘米。

形　直口圆唇，折沿，圈足，青黄釉，施釉及底。

　　（摄影：谢蔚宁）

3. 碟

名 青釉碟（标本 HGH01：1）

代 明代中期

尺 口径12.6厘米，底径6.7厘米，高1.9厘米。

形 敞口圆唇，窄沿外折，浅弧腹，圈足，灰胎，墨绿色釉，
内底涩底，外壁施釉及底。两件器物叠烧粘连。

（摄影：谢蔚宁）

名 青釉碟（标本HGH01：3）

代 明代中期

尺 口径11.7厘米，底径5.5厘米，高2.3厘米。

形 敞口圆唇，宽沿外折，浅弧腹，圈足，青黄色釉，内底涩底，外壁施釉不及底。

（摄影：谢蔚宁）

4. 窑具

名 M形匣钵（标本 HGH01：11）

代 明代中期

尺 直径20.5厘米，高6厘米。

（摄影：谢蔚宁）

5. 其他

名　残片（标本HGH01：15）

代　明代中期

形　圆框"福"字款。

　　（摄影：谢蔚宁）

名　残片（标本HGH01：17）

代　明代中期

形　方框"公正"款。

　　（摄影：谢蔚宁）

名　残片（标本HGH01：49）

代　明代中期

形　模印麒麟望月纹。"地出醴泉，山出器车，河出马图，凤凰麒麟皆在郊椒"，麒麟自古代表祥瑞，圆月代表美好圆满。麒麟望月纹有着祥瑞太平，期盼美好之意。

　　（摄影：谢蔚宁）

叁

再识白马

　　白马窑址群区域系统调查对白马河周边区域进行了全覆盖式地面踏查、重要区域考古勘探和个别遗存考古试掘，新发现烂屋仔、陂角、石鼓岭、犁头坑、黄竹塘、圆墩背、三水窝、芋头窝、下坝、三水坑等12处窑址，其中明确有窑炉残存的有烂屋仔、陂角、下坝、石鼓岭、黄竹塘、下营6处窑址；对已知的三官坑、虾公塘、下营、湖洋坑4处窑址进行了复查、核实；完成了伯公崀、江板、匣斗墩、枫树头位于省保单位保护范围内的4处遗址的资料和信息采集工作；对三官坑窑炉和窑前堆积进行了试掘。本次工作丰富了白马窑内涵，为研究白马窑的产品、工艺、规模、时代、分布特点和运输途径等提供了科学依据，为研究其窑炉结构、装烧方式和工艺流程提供了新的材料。现将初步认识列举如下。

　　（1）此次白马窑区域系统调查面积约25平方千米，调查勘探结果表明，白马窑址群主要分布于惠东县白盆珠镇，其核心区域除田心村外，至少还包括横江村、共和村和白盆珠库区等处，是广东迄今为止考古发现规模最大的窑场，其创烧年代不早于明代早期，以明代中晚期最为兴盛。白马窑常见窑炉类型有分室龙窑和馒头窑，分室龙窑结构先进，装烧量大，窑炉技术先进。器物多轮制成型，蘸釉或荡釉，常使用M形匣钵单件装烧，成型、施釉和装烧工艺成熟。白马窑产品以仿龙泉青瓷器为主，常见碗、盘、碟、杯、盏、灯、洗、器盖、砚台等。产品胎质坚硬细密，烧结良好；釉玻化极好，开细小冰裂；青釉为主，呈色多样，有青绿、青灰、青黄、天青、灰黄、酱褐、墨绿等；胎釉结合紧密；除素面外，另见刻划菊瓣纹、刻划莲瓣纹、水波纹、如意纹、麒麟过海纹等；器物内底常见"福"、"清"、"寿"、"溪"、"公正"、"正"、"禄"、"寿"、"通"等款识。此外亦采集或出土了各类匣钵、垫饼、印模等制瓷工具。白马窑瓷土资源丰富，交通便捷，生产工艺先进，产量巨大，产品种类比较丰富，品质上乘。

　　（2）惠东白马窑址群是我国明代重要的外销窑场，亦是广东目前经考古工作所发现规模最大的窑址群，长期以来，其历史价值被严重低估。史籍记载，有明一代，尤其在明代中期，由于受倭寇影响较小，明代广东的海外贸易更易被纳入世界贸易体系中，如清代屈大均《广东新语》卷一五所记,自洪武至正德四年,"诸番之直广东者……是皆南海中大小岛夷,……凡十二国,皆尝来往广东者,旧例贡舶三艘至粤,使者捧金页表入京朝贡,其舶市物还国。"[1]可见东南亚地区来广东进行贸易和朝贡的国家众多,明代东南亚诸国的贡道,又大多途经广东,而后入京朝贡,使得广东在对外贸易中占有重要地位。此次调查和试掘成果,推动了对广东明代仿龙泉青瓷的窑炉结构、制作工艺、产品特点和发展谱系的研究。同时,白马窑产品不仅具有仿浙江龙泉青瓷的共性,也不乏广东青瓷的本地特色,相关发现有助于深入研究明代长江中下游地区与珠江流域、韩江流域、福建地区瓷器烧造工艺交流与人群迁徙等问题,也为广东海上丝绸之路研究提供了至关重要的科学证据。

(3)南岭东部山地的仿龙泉青瓷制造业是山海兼济的产物。明代中期,南岭东部山地经济得到了迅速发展,不仅提供了耕种、采矿、制造等多种生产活动的场所,也促进了商业贸易的兴旺,因此,岭南山地形成了强大的吸引力,使得众多移民、逃亡者和各行各业的人员前来定居或流动。在此特殊的生态环境中,不同来源、不同背景、不同技能的人们相互交往、相互影响,不仅孕育传播了遍布山地河谷的仿龙泉青瓷窑场和技术[2],同时也为其提供了人力、能源、矿产、水利和交通支持。因此,南岭东部山地仿龙泉青瓷制造业不仅得益于海丝贸易的发展,同时也有赖于南岭东部山地巨大的潜力。

(4)白马窑产品既能见于现处于大湾区的惠州、广州、香港等地的官署、衙署、居址和墓葬之中,亦可见于海南岛、东南亚及南亚地区,在很大程度上反映了明代海外贸易的兴盛繁荣之景象。通过多地衙署、居址和墓葬中出土的白马窑产品的逐步辨识,其在我国境内的主要贸易流通线路已基本明确。限于材料,目前白马窑产品在国外的流通尚不十分明晰,但其所属的南岭东部山地的仿龙泉青瓷却广泛发现于中国台湾、菲律宾和日本等地的诸多遗址之中。以菲律宾为例,Robert B. Fox曾指出"在Pulong Bakaw和Kay Tomas发掘出的中国陶器收藏品总计有411件。……单色釉瓷(大多数是明代早期的,与宋加洛釉相似,有少量可能来自处州的元朝标本)占研究收藏的22%",其中,与南岭东部山地的仿龙泉青瓷相同的

---

[1](清)屈大均:《广东新语》,中华书局,1985年。
[2] 目前南岭东部山地已经考古工作的窑址(群)包括:白马窑、大埔窑、海丰窑、龙川窑、上杭窑、安溪窑。

"有连续花瓣状图案刻在釉下的典型碗是15世纪[1]非常常见的类型"[2]。另外在20世纪80年代，曾广亿先生在《广东明代仿龙泉青瓷及其外销初探》中指出，在日本大阪堺环壕都市遗址、马场屋敷遗址、印尼的巴东和西爪哇及马来西亚甚至是阿曼的遗址中均有发现以白马窑为代表的广东仿龙泉青瓷[3]。由此可知，以白马窑为代表的南岭东部山地的仿龙泉青瓷产品不仅在国内广泛流通，也远销中国台湾、日本、东南亚等地区，这些海丝沿岸的仿龙泉青瓷遗存将为广东海上丝绸之路研究提供至关重要的物证，也是广东在明代广泛参与海丝贸易的重要证据。

---

[1] 作者年代判断有误。

[2] Fox R B, Brenad M A. The Calatagan Excavations: Two 15th Century Burial Sites in Batangas, Philippines. Philippine Studies, 1959, 7(3): 321-390.

[3] 曾广亿：《广东明代仿龙泉青瓷及其外销初探》，《中国古代陶瓷的外销：一九八七年福建晋江年会论文集》，紫禁城出版社，1988年，第88页。

附录 2020～2021年度惠东三官坑窑址发掘与初步认识

一、遗址概况

三官坑遗址位于广东省惠州市惠东县白盆珠镇横江村委大窑自然村西北，是白马窑址群的重要组成部分。该遗址位于白马河中游，毗邻白盆珠水库，距离白盆珠镇镇政府约5千米，距离惠东县城约35千米。窑址周围山峦起伏，河谷平缓，西南为农田，东南为大窑自然村，南部与碗窑自然村隔河相望。

广东省内的文物考古机构对白马窑明代窑址群的关注和研究，经过了漫长而艰辛的探索过程。随着相关考古工作的不断深入，揭示了许多重要的历史信息和文化价值。1955年6月，广东省文物管理委员会（以下简称"省文管会"）在当时惠阳县双金乡的白马山西侧区域首次发现了生产青釉划花瓷片的古代窑址，并收集了部分瓷片标本。1960年7月，省文管会与华南师范学院历史系联合组成文物工作队，对其中3处窑址进行了系统的发掘工作，发掘了2座窑炉，共出土了青釉划花瓷器4500余件，其中有碗、盘、罐、壶、杯等多种器形，以及窑具、底座等。同年8月，文物工作队又在三官肚窑址（即今三官坑窑址）发掘了1座完整的窑炉，并出土了300多件青釉划花瓷器。文物工作队根据发掘情况和遗物特征，撰写了两篇考古工作报告[1]，并将部分遗物送往广东省博物馆进行保存和展示。2019年7月至11月，广东省文物考古研究所对该地区开展了区域系统考古调查，范围覆盖了白马河和西枝江的主要水系，共发现和复查了21处相关窑址，其中三官坑窑址是最具特色和价值的一处，该窑址规模较大，保存较好，是研究广东地区陶瓷工业发展的重要资料。查阅文献，在《大隐楼

---

[1] 曾广亿：《广东惠阳白马山古瓷窑调查记》，《考古》1962年第8期；曾广亿：《广东惠阳新庵三村古瓷窑发掘简报》，《考古》1964年第4期。

集》[1]、《粤大记（万历）》[2]、《湖广武昌府志》[3]等明清史志均记载了白马窑相关史实（图1），所记地点均可与今对应。

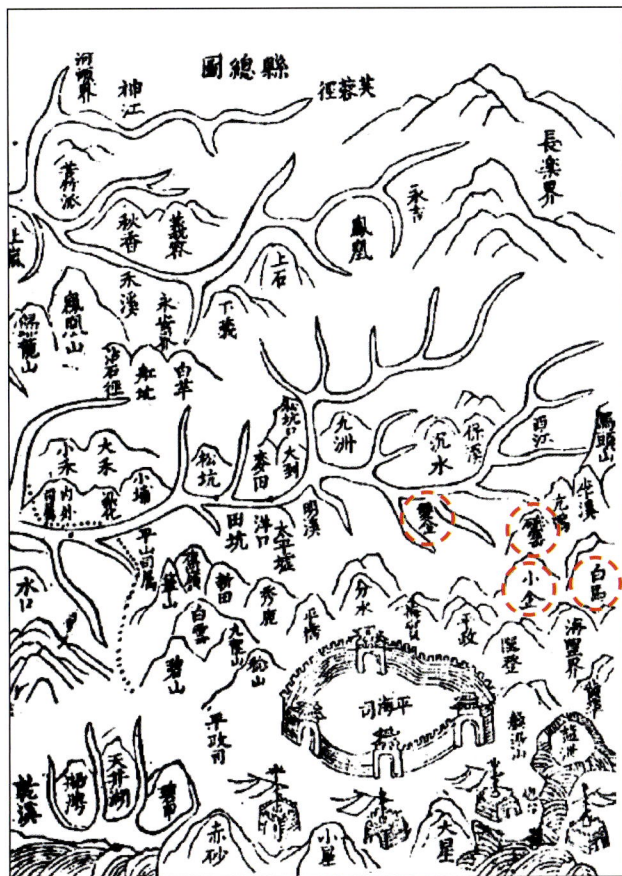

图1 《归善县志》卷首舆图（清乾隆四十八年刊本）

二、发掘经过及主要发现

在区域系统调查的工作基础上，为更深入地了解白马明代窑址群的内涵，进一步厘清遗址的时代、规模、布局、技术手段和历史发展演变等情况，科学有效地保护和利用历史珍贵文物，广东省文物考古研究所决定选择具备工作基础、规模较大、时代居中、文献有明确记载的三官坑窑址展

---

[1]（明）方逢时：《大隐楼集》，辽宁人民出版社，2009年。

[2]（明）郭棐：《粤大记》，广东人民出版社，2013年。

[3]（清）裴天锡：《康熙湖广武昌府志校注》，武汉出版社，2011年。

开课题研究，2020年与2021年分别向国家文物局申请主动性发掘，发掘面积共计1000平方米。现将两个年度考古发现与收获分别介绍如下。

1. 2020年度发掘

2020年度三官坑窑址发掘面积为500平方米，清理遗迹包括分室龙窑2座、灰坑8个。出土窑具、瓷器等遗物标本千余件，瓷器器形见有碗、盘、碟、盏、杯、高足杯、灯盏、香炉、罐、洗、盖、瓶等，窑具有M形匣钵、垫饼、垫圈、垫柱、火照等（图2）。器物装饰技法见有刻划、模印，装饰纹样有菊瓣纹、弦纹、文字吉语等，模印字款较有特色，有"福"、"寿"等。

1）遗迹

本年度发掘的两座窑炉均为斜坡式分室龙窑，其中Y1保存情况最好（图3），以Y1为例介绍如下。

Y1（一号窑炉）为近长方形斜坡状分室龙窑，依山势建筑，整体坡度15°，窑室方向42°。由窑室、窑床、窑门、窑壁、烟囱、窑门前活动面等部分组成，残长29.5米，各窑室宽3.45～3.72米。窑室上部已被晚期破坏，仅残留少量窑壁，外侧为红烧土层，残存的砖墙内壁一般涂抹泥硬面，局部残留青绿色窑汗面，窑床位于窑室的底部，用细沙斜坡状铺垫而成，上面散落残存的匣钵，个别保存较好，从排列上看匣钵呈平行排列，南北从上到下呈阶梯状排列，东西每排14个，南北共7排，匣钵间距0.02～0.04米。共9个窑室，第1、8、9窑室由于受晚期破坏，坍塌导致烧结层间有断裂，下陷，窑室两侧各有一窑门，以及门前走道、两侧包边墙、门前活动面等。

图2　2020年度出土垫具

图3 Y1航拍图

2）遗物

遗址出土器物近千件，主要以青瓷器为主，选取部分标本介绍如下。

碗 标本2020HSH8②：84，可复原。敞口圆唇，深曲弧腹，圈足。外壁刻划菊瓣纹装饰，内底模印"福"字。灰胎，施釉及底，足端裹釉，青釉，釉面开片。口径17.2、底径7.5、高8.3cm（图4：1）。

带盖钵形碗 标本2020HSG2①：2，可复原。碗盖粘连。盖纽圆饼形纽，盖面斜弧，圆沿。碗直口圆唇，曲腹，圈足。灰白胎，胎体厚重，施釉及底，足端裹釉，青釉。口径16.8、底径8.0、高9.6cm（图4：2）。

盘 标本2020HSTN6E7③：163，可复原。敞口圆唇，沿外撇，浅弧腹，圈足。内壁刻划竖弦纹。施釉及底，足端裹釉，青釉。口径15.8、底径7.2、高3.5cm（图4：3）。

碟 标本2020HSTN6E6②：1，可复原。敞口圆唇，沿外撇，浅曲弧腹，圈足。内壁刻划竖弦纹，内底模印花卉纹装饰。施釉不及底，青釉，

图4　2020年度三官坑窑址出土器物

1. 碗（2020HSH8②：84）　2. 带盖钵形碗（2020HSG2①：2）　3. 盘（2020HSTN6E7③：163）
4、5. 碟（2020HSTN6E6②：1）　6. 杯（2020HSH2④：4）　7. 洗（2020HSTG1③：20）　8. 砚（2020HS采：72）

釉面开片。口径11.0、底径5.3、高3.4cm（图4：4、5）。

杯　标本2020HSH2④：4，可复原。敞口圆唇，斜弧腹，平底。施釉及底，青釉，釉面开片。口径8.4、底径3.8、高4.2cm（图4：6）。

洗　标本2020HSTG1③：20，可复原。敞口圆唇，宽沿外折，浅曲弧腹，圈足。内底刻划纹样装饰，残损不清。灰白胎，施釉及底，青釉。口径15.0、底径5.7、高3.2cm（图4：7）。

砚　标本2020HS采：72，可复原。直口圆唇，台面平。台面边缘下凹，圈足高厚。灰白胎，器物胎体厚重。台面无釉，施釉不及底，青釉。口径13.0、底径5.8、高3.5cm（图4：8）。

2. 2021年度发掘

2021年度三官坑窑址发掘面积为500平方米，发掘了三官坑窑的窑炉区、作坊区，分别清理分室龙窑1座、房址1处、活动面2处、灰坑2个、砖池2个、灰沟2条。出土陶瓷器有碗、盘、碟、盏、杯、高足杯、灯、灯座、砚、香炉、火炉、漏斗、熏炉、器盖、瓷塑等共计千余件，部分陶瓷器模印刻划有"福"、"禄"、"寿"、"正"、"清公正"等文字，窑具包括匣钵、垫饼、垫圈、垫柱、火照（试片）、泥塞、轴顶帽、荡箍、滑轮、印模、辗轮、铜条、铁叉等。

1）遗迹

本年度考古工作清理了窑址的窑炉区、作坊区，发现大量重要遗迹，现将部分遗迹介绍如下。

Y3（三号窑炉），整体开口于②b层下，面呈头东尾西的长条形，为明代南方地区典型的横室分室龙窑结构。由1个火膛、9个窑室、3个出烟室、护窑墙、窑前工作面、窑旁操作面组成。每间窑室前部左右各置一窑门。总长26.5米。窑炉改造痕迹明显，在第五窑室、第六窑室、第七窑室均发现了后期改建的墙体。其中第六、七窑室，加建的隔墙封堵了其后方窑室窑门，将隔墙与隔墙前的通火墙改建为窑尾排烟室。据此，Y3的使用至少可以分为三个阶段：使用9个窑室；使用7个窑室；使用6个窑室（图5）。

F1已揭露部分平面为长方形，长11、宽4.6～6.6米，西边是用砖和石头垒砌的包边墙，墙底用灰黄色花土垫实取平，东边（包边墙内）用杂土垫平。F1面上发现7个圆形柱洞，分布无明显规律。未发现明显生产生活迹象，应是破坏严重导致，根据旁边发现的砖池、引排水沟，以及集中出

图5 Y3航拍图

土荡箍、轴顶碗（帽）、轮轴等与生产制造有关的遗存，推测其原应为与制瓷有关的一座简易建筑。

C1　平面形状呈长方形，整体为西北—东南向。为红砖垒砌，残存2层砖高度，残存深度0.10～0.12米，砖宽度0.12～0.16米。填土为灰白色细腻黏土，含较多瓷片和匣钵碎块，以及砖石块。根据池内堆积包含物推测，C1可能为沉淀池或练泥池。

2）遗物

遗址出土器物近千余件，亦以青瓷器为主，选取部分介绍如下。

碗　标本2021HSG2：44，可复原。敞口圆唇，浅弧腹，圈足。外壁刻划弦纹与菊瓣纹装饰，内底模印"福"字。灰胎，施釉及底，足端裹釉，青釉。口径15.2、底径6.3、高6.2cm（图6：1）。

小碗　标本2021HSTN4E13-4②：7，可复原。敞口圆唇，深曲弧腹，圈足。外底粘连垫饼。外壁刻划弦纹与菊瓣纹装饰。灰胎，施釉及底，足端裹釉，青釉。口径10.8、底径5.3、高5.1cm（图6：2）。

盘　标本2021HSG2：1，可复原。敞口圆唇，宽沿外折，浅曲弧腹，圈足。内壁刻划竖划纹，内底模印"福"字款。灰胎，施釉及底，足端裹釉，青釉偏墨绿。口径16.0、底径7.7、高4.1cm（图6：3）。

高足杯　2021HSTN4E13-④：3，可复原。直口圆唇，上腹直，下腹折内收，喇叭状高足，足柄上6道凹槽。实心足，足底平，外底有5道凹

图6　2021年度三官坑窑址出土器物

1. 碗（2021HSG2：44）　2. 小碗（2021HSTN4E13-4②：7）　3. 盘（2021HSG2：1）　4. 高足杯（2021HSTN4E13-④：3）
5. 盖罐（2021HSTN3E13⑦：1）　6. 炉（2021HSTN6E14①：37）　7. 灯盏（2021HSTN7E14①：515）
8. 盖（2021HSTN3E13-1⑤：32）

槽。外壁刻划菊瓣纹。灰白胎，施釉及底，青釉。口径5.1、底径4.2、高7.3cm（图6：4）。

盖罐 标本2021HSTN3E13⑦：1，缺盖，可复原。直口方唇，溜肩，弧腹，圈足。灰白胎。口沿及圈足底、足端无釉。器物内外壁满釉，青釉。口径9.8、底径6.8、高7cm（图6：5）。

炉 标本2021HSTN6E14①：37，变形，可复原。洗式炉，腹部上曲下弧收，饼底，三足分立，足呈U形。灰白胎。仅内底心以及饼底无釉，青釉。口部变形，底径9.1、高6.2cm（图6：6）。

灯盏 标本2021HSTN7E14①：515，可复原。敞口圆唇，浅弧腹，平底，条形捉手。灰白胎。施釉及底，青黄釉，釉面开片。口径8.9、底径3.9、高2.2cm（图6：7）。

盖 标本2021HSTN3E13-1⑤：32，可复原。圆饼形纽，盖面斜弧，无沿。灰白胎。青釉。口径6.6、高2.6cm（图6：8）。

三、初步认识

通过2020、2021两个年度对三官坑窑址的系统性发掘，我们对三官坑窑址的历史、规模、生产工艺、产品特征等方面有了更深入的了解，相关认识简述如下。

（1）根据出土的遗物、纪年器以及相关文献资料综合判断，三官坑窑址创烧和发展于明代中期，停烧应在明代晚期。遗物形制方面，白马窑生产具有广东本地特色的仿龙泉青瓷，以生活用具为主，器形有碗、盘、碟、杯、盏、高足杯、砚、香炉、漏斗、熏炉、器盖等，品类繁多，制作精良。其中碗类器物外壁基本都刻划菊瓣纹装饰，大量碗、盘类器物内底模印各类字款、花卉、动物纹样，又以字款最为多样，有：福、禄、寿、正、清、青、靖、大、用、胜、明、宝、溪、山溪、清溪、公正、青溪（合文）、壳溪（合文）、山溪（合文）、清公正等（图7），与余里窑[1]等广东明代中晚期的仿龙泉青瓷器具有较高的相似度。纪年器物方面，窑址出土了明确为明代中期的纪年款识，亦可作为三官坑窑址年代的重要依据，据出土款识判断，该窑址年代大致为弘治至嘉靖年间应属合理。文献资料

---

[1] 广东省文物考古研究所、中国客家博物馆、大埔县文化广电新闻出版局等：《广东大埔余里明代窑址2013～2014年发掘简报》，《文物》2019年第10期。

图7 部分字款

方面，前述《大隐楼集》、《归善地方盗情揭帖》等文献明确记载了明嘉靖年间三官坑窑址（碗窑）的地理位置，说明该窑址在彼时已具有一定的规模和影响。综上所述，三官坑窑址年代应为明代中晚期，是广东地区明代陶瓷生产的重要代表之一。

（2）通过发掘所见的情况及出土的窑具，基本明确了三官坑窑的产品装烧工艺，以M形匣钵单件正烧为主，少量以筒形匣钵多件正烧，其中间隔器以使用垫饼为主，另有使用垫圈、垫柱，部分器物以谷壳、砂浆垫烧（图8）。

（3）三官坑窑址的窑炉结构虽然为分室龙窑，但与同时期烧造仿龙泉青瓷的广东大埔余里窑的窑炉结构有所区别，后者窑炉结构与福建地区的几处同时期的仿龙泉窑窑炉基本相同，反观三官坑窑的窑炉类型，在同时期的福建地区并未发现，反于年代稍晚的香港大埔窑[1]、福建漳浦石寨

---

[1]《香港大埔碗窑青花瓷窑址——调查及研究》，香港区域市政局，1997年；《香港大埔碗窑青花瓷窑址——发掘及研究》，康乐及文化事务署，2000年。

图8　出土间隔具

窑[1]、海南福安窑[2]发现有相同类型的分室龙窑，这种类型的分室龙窑或许是外来的窑业技术受广东本土瓷业传统的影响而产生的产物，或与当时人口流动带来的深层次的技术传播有关。

（4）惠东白马窑是明代广东最大的外销窑场，生产仿龙泉青瓷，其历史地位和影响力不容忽视。通过2020～2021年度对窑址的发掘，我们初步了解了该窑场的窑炉结构、制作工艺、产品特点和发展谱系，并根据出土的纪年遗物，基本确定了该窑场的烧造年代。史籍记载，有明一代，尤其在明代中期，由于受倭寇影响相对较小，明代广东的海外贸易更易被纳入世界贸易体系中，如清代屈大均《广东新语》卷一五所记，自洪武至正德四年，"诸番之直广东者……是皆南海中大小岛夷，……凡十二国，皆尝来往广东者，旧例贡舶三艘至粤，使者捧金页表入京朝贡，其舶市物还

---

[1]　福建博物院、漳浦县博物馆、厦门大学：《漳浦县石寨窑发掘简报》，《福建文博》2019年第2期。

[2]　郝思德、王大新、王明忠：《澄迈县福安元明清窑址》，《中国考古学年鉴·2003》，文物出版社，2004年；郝思德、王大新、王明忠：《澄迈县福安清代窑址》，《中国考古学年鉴·2006》，文物出版社，2007年。

国。"[1]东南亚地区的许多国家都曾经来到广东进行贸易和朝贡活动，明代的东南亚诸国更是大多选择经由广东进入京城，向皇帝献上贡品。这些史实表明，广东在明代的对外贸易中具有重要的地位和影响力，其产品不仅分布于大湾区内的惠州、广州、香港等地的官府、民居和墓地，也远销海南岛、东南亚乃至南亚地区，成为明代海外贸易的重要见证。此外，三官坑窑址出土的遗物也显示了广东瓷器工艺的发展和变化。这些遗物既有仿造浙江龙泉青瓷的特征，也有体现广东本土文化的元素，相关发现有助于我们深入探讨明代长江中下游地区与珠江流域、韩江流域、福建地区之间的瓷器技术交流和人口迁移等问题，也为广东海上丝绸之路研究提供了重要的科学依据。

（执笔：刘长、王政）

---

［1］（清）屈大均：《广东新语》，中华书局，1985年。

Book Summary

This book aims to introduce the basic information of the investigation conducted by the Guangdong Provincial Institute of Cultural Relics and Archaeology in 2019 regarding the White Horse (Baima) Kiln site cluster in Guangdong Province.

White Horse Kiln is located in Baipenzhu Town, Huidong County, Guangdong Province. It is like a pearl embedded in the hilly valley of the western section of the Lianhua Mountain Range and the hinterland of the Xizhi River. In Ming and Qing literature, it is commonly referred to as "White Horse Bowl Kiln", "White Horse Kiln", "Bowl Kiln" and so on. For example, the "Huguang Wuchang Prefecture Annals" records, "Fang Fengshi... held various official positions and eventually became the military inspector of Guangdong. There were mountain bandits called Huayao Feng who occupied the dangerous terrain of the White Horse Kiln and caused chaos for more than ten years..." In "Da Yin Lou Ji," there is a description that says, "There are mountain bandits like Huayao Feng Wu Duan and Songkeng Zei Wenqi, with a crowd of over ten thousand, causing chaos for more than ten years by occupying the White Horse Bowl Kiln". "Yue Da Ji" points out that "Ye Jingqing occupied the Bowl Kiln". According to the research of documents and maps, they all refer to the "Bowl Kiln Xijiang area of the county (Guishan)", which is within the current scope of Baipenzhu Town. It can be seen that during the Ming Dynasty, the various kiln industries located in Baipenzhu Town were collectively referred to as "White Horse Kiln", "White Horse Bowl Kiln" or "Bowl Kiln".

Originally named Baimengzhu Town, it was renamed Baipenzhu in 1958. Before the consolidation of towns, the total area of the town was 74 square kilometers. In the early days of the founding of the People's Republic of China, this area was under the jurisdiction of Shuangjin Township under Xin'an District. Starting from 1958, it was assigned to Xin'an Commune. In 1983, it was separated from Xin'an and established as Shuangjin District. In 1987, it was abolished as a district and established as Baipenzhu Town. In April 2006, Xin'an Town was merged into the town. Baipenzhu Town is 35 kilometers away from Huidong County (Pingshan Town) and 75 kilometers away from Huizhou City. It has one community neighborhood committee and 12 village committees, including Kengtun, Hengyao, Hengkeng, Buxin, Xinfeng, Luwo (all six villages are within the jurisdiction of the original Xin'an Town), Baima, Hengjiang, Gonghe, Shuangjin, Xinhe, and Muhua. In the northeast of Baipenzhu Town, Baipenzhu Reservoir is like a clear mirror, embedded in the upper reaches of the Dongjiang River, 34 kilometers northeast of Huidong County. Since its completion in August 1985, this reservoir, covering an area of 856 square kilometers, has carried the source of the Xizhi River and become a pearl in the Xizhi River Basin. The White Horse River, which runs through Baipenzhu Town, flows from the southeast to the northwest, like a natural artery.

As one of the famous export porcelain kiln sites in the Ming Dynasty in Guangdong Province, the White Horse Kiln has high historical, cultural, and scientific research value. It is an important material evidence for studying the commodity trade and cultural exchanges along the ancient maritime Silk Road in China. Archaeological institutions in Guangdong Province have long been focusing on and studying the White Horse Kiln site. The kiln site group was discovered in the 1950s and has since revealed a large number of artifacts such as celadon shards, kiln bricks, kiln slag, and ceramic boxes on the surface. With the continuous progress of related archaeological work, a series of important achievements have been made: In June 1955, the Guangdong Provincial Cultural Relics Management Committee discovered ancient kiln sites producing carved celadon porcelain near the three tributaries of the White Horse Mountain in what was then part of Huiyang area. In July 1960, the Provincial Cultural Relics Management Committee and South China Normal University conducted a review and collected specimens at the aforementioned location, and wrote an article titled "Investigation of Ancient Porcelain Kilns in Baima Mountain, Huiyang, Guangdong". In the same month, the Provincial Cultural Relics Management Committee and the History Department of South China Normal University formed a joint cultural relics work team to excavate three kiln sites, unearthing more than 4,500 relics, including over 300 cultural relics, and wrote a brief report on the excavation of ancient porcelain kilns in the three villages of Xin'an, Huiyang, Guangdong. In 2011, when local villagers were renovating a pigsty near the Xiadoudun kiln site, they discovered the remains of a kiln furnace. The Guangdong Provincial Institute of Cultural Relics and Archaeology conducted emergency clearance work and discovered a remaining kiln furnace and a large number of artifacts.

The archaeological survey and exploration for this project began on July 16, 2019, and were completed on November 16, covering an approximately 90-day period. The Guangdong Provincial Institute of Cultural Relics and Archaeology conducted a regional systematic survey in the Baipenzhu Town area of Huidong County. During this period, archaeological investigations and explorations were conducted in the vicinity of the White Horse Kiln site, mainly covering the White Horse River Basin. The objectives of this survey included: 1) investigating the chronological period, specific distribution range, transport routes, scale changes, and morphological characteristics of the White Horse Kiln; 2) studying the main products, production techniques, and production scale of the White Horse Kiln; 3) exploring the relationship between landforms and the distribution of kiln sites; 4) discussing the production, transport, and dissemination of the White Horse Kiln; 5) providing more accurate information for the future cultural heritage protection planning of the White Horse Kiln site and offering scientific foundations.

Valleys, hills, and mountains are the main landforms in the surveyed area. Valleys and hills are primarily distributed in the western, northern, and northwestern parts of the survey area, with elevations ranging from 50 to 150 meters. Mountains are mainly located in the southern, eastern, and southeastern parts. A coordinate system was established for the survey area, with the reference point coordinates at E115°04′ and N23°01′. The survey area was divided into 195 survey zones, each measuring 1 square kilometer, with a total area of 195 square kilometers. Zone 1 consisted of 70 (colored blue) survey zones, Zone 2 (colored red) consisted of 60 survey zones, Zone 3 (colored purple) consisted of 30 survey zones, and Zone 4 (colored green) consisted of 35 survey zones. Zones 1 and 2 were within the river basin and had relatively flat terrain, while Zones 3 and 4 were mainly mountainous. Through comprehensive archaeological surveys and explorations, a total of 21 kiln sites were identified in the surrounding area of the White Horse Kiln site. Among them, four sites, including Bogong Lang, Jiangban, Xiadoudun, and Fengshutou, are designated as provincial-level cultural heritage protection units. Twelve newly discovered kiln sites include Lanwuzi, Beijiao, Shiguling, Litoukeng, Huangzhutang, and Yuandunbei. Four previously known kiln sites, including Sanguankeng, Xiagongtang, Xiaying, and Huyangkeng, were rechecked and verified. The main findings of this archaeological work are detailed as follows:

1) The investigation covered an area of approximately 25 square kilometers, and the survey and exploration results showed that the White Horse Kiln site cluster is mainly distributed in Baipenzhu Town, Huidong County, Guangdong Province. In addition to Tianxin Village, its core area includes Hengjiang Village, Gonghe Village, and Baipenzhu Warehouse Area. It is the largest kiln site discovered through archaeological findings in Guangdong Province to date. The kilns at the White Horse Kiln site are primarily of the compartmented dragon kiln and mantou kiln types. The compartmented dragon kiln is structurally advanced, with a large firing capacity and advanced kiln technology. The pottery is mostly wheel-thrown, dipped or splashed with glaze, and often fired using the "M"-shaped box-bowl single-piece firing technique. The shaping, glazing, and firing processes are mature. The main products of the White Horse Kiln are imitations of Longquan celadon, including bowls, plates, dishes, cups, incense burners, lamps, wash basins, vessel covers, and inkstones. The products have a hard and fine body, well-fired, excellent glassy glaze with fine crackles, and various shades of celadon glaze, including green, gray, yellow-green, sky blue, gray-yellow, brown, and dark green. In addition to plain surfaces, there are also carved patterns such as chrysanthemum petals, lotus petals, water ripples, ruyi motifs, and qilin crossing the sea. Commonly found inscriptions on the inner bottoms of vessels include characters such as "Fu" (good fortune), "Qing" (purity), "Shou" (longevity), "Xi" (happiness), "Gongzheng" (justice), "Zheng" (upright), "Lu" (wealth), "Shou" (longevity), and "Tong" (communication). Various types of ceramic tools, such as box-bowls, wedges, and molds, have also been collected or unearthed.

2) The White Horse Kiln site cluster in Huidong is an important kiln site for external trade during the Ming Dynasty in China. It is also the largest kiln site cluster discovered through archaeological work in Guangdong Province.

However, its historical value has been seriously underestimated for a long time. Historical records show that during the Ming Dynasty, especially in the mid-Ming period, Guangdong's overseas trade was more easily integrated into the world trade system due to less impact from Japanese pirates. According to Qu Dajun's "Guangdong Xinyu," from the Hongwu to Zhengde periods, "the various foreign countries that directly traded with Guangdong... were all the large and small islands and savages in the South China Sea... a total of twelve countries. They all had past exchanges with Guangdong. According to the old custom, three tribute ships would arrive in Guangdong, and envoys would present gold tablets and tribute documents when going to the capital". It can be seen that many countries in Southeast Asia came to Guangdong for trade and tribute, and the tribute route of Southeast Asian countries in the Ming Dynasty mostly passed through Guangdong before entering the capital, highlighting the important role Guangdong played in foreign trade. The results of this investigation and excavation have promoted research on the kiln structures, production techniques, product characteristics, and development history of the Longquan celadon imitations produced in Guangdong during the Ming Dynasty. The products of the White Horse Kiln not only share common features with the imitations of Longquan celadon from Zhejiang but also have their own local characteristics of Guangdong celadon. These findings contribute to a deeper understanding of ceramic production techniques, exchanges, and population migration between the lower and middle reaches of the Yangtze River region and the Pearl River Basin, Han River Basin, and Fujian region during the Ming Dynasty. They also provide essential scientific evidence for the study of Guangdong's participation in the Maritime Silk Road.

3) The production of Longquan celadon imitations in the eastern mountainous region of Nanling was a result of the integration of both mountain and sea resources. In the mid-Ming Dynasty, the eastern mountainous region of Nanling experienced rapid economic development, providing a place for various production activities such as farming, mining, and manufacturing. It also promoted prosperous commercial trade. As a result, the mountainous areas of Lingnan (southern China) became highly attractive, attracting immigrants, fugitives, and people from various professions to settle or move there. In this unique ecological environment, people from different backgrounds, origins,

and skills interacted and influenced each other. This interaction not only gave birth to kiln sites and techniques for Longquan celadon imitations scattered throughout the mountainous valleys but also provided them with labor, energy, mineral resources, water resources, and transportation support. Therefore, the manufacturing industry of Longquan celadon imitations in the eastern mountainous region of Nanling benefited not only from the development of the Maritime Silk Road but also from the enormous potential of the eastern mountainous region of Nanling.

4) White Horse Kiln products can be found not only in official institutions, government offices, residences, and tombs in present-day locations such as Huizhou, Guangzhou, and Hong Kong within the Greater Bay Area but also in Hainan Island, Southeast Asia, and South Asia. They largely reflect the prosperity and thriving scenes of overseas trade during the Ming Dynasty. By gradually identifying White Horse Kiln products unearthed from various government offices, residences, and tombs, the main trade circulation routes within China have been basically identified. Due to limited evidence, the current circulation of White Horse Kiln products abroad is not yet fully clear. However, the imitation Longquan celadon of the eastern mountainous region to which the White Horse Kiln belongs has been widely discovered in many sites in Taiwan Province of China, the Philippines, and Japan. For example, Robert B. Fox pointed out regarding the Philippines, "The collection of potteries of Chinese provenance excavated at Pulong Bakaw and Kay Tomas totaled 411 pieces... The monochromes (mostly early Ming with which are reminiscent of the Sawankhalok glazes, few specimens which are probably Yuan from Ch'u Chou) comprised 22 percent of the study collection". Among them, the "Typical bowls with a continuous petal-like design incised under the glaze on the bodies; a very common 15th century type" From this, it can be inferred that the imitation Longquan celadon products represented by the White Horse Kiln not only circulated widely within China but also were exported to regions such as Taiwan Province of China, Japan, and Southeast Asia. These remnants of imitation Longquan celadon along the Maritime Silk Road will provide crucial physical evidence for the study of Guangdong's maritime silk trade and serve as important evidence of Guangdong's extensive participation in overseas trade during the Ming Dynasty.

后 记

　　白马窑址群位于广东省惠州市惠东县，作为一处明代重要的外销窑场，其制作的产品在中国乃至世界陶瓷史上占有重要地位。海上丝绸之路是一条重要的海上贸易通道，它通过海洋交通将中国与东南亚、南亚、阿拉伯地区等地连接起来。白马窑曾经在海上丝绸之路的贸易中扮演着重要的角色，其生产的青瓷制品不仅在中国国内广泛流传，还通过海上贸易流通到了世界各地。这些青瓷制品不仅代表了中国古代陶瓷制作的成就，也是中国与海上丝绸之路沿线国家和地区之间文化交流的见证。在这次的调查与研究中，我们尝试探索白马窑址群的历史与文化价值，深入挖掘其艺术特色和制作工艺。数月来，我们齐心协力，进行了大量的现场踏查和研究工作，包括调查勘探、文献研究、器物分析等，从而更加深入地了解了白马窑的独特之处和历史渊源。

　　白马窑区域系统调查工作进一步拓展了我们对白马窑址群的遗址分布、产品特点、制瓷技术、产品流通情况等方面的认识，为我们对白马窑址群的理解带来新的视角。新视角也带来新问题，其中白马窑址群文化因素、窑业技术来源及传播的问题，白马窑址群在明代广东海外贸易中的地位及作用，以及以白马窑为代表的广东仿龙泉青瓷的外销等问题，将是我们下一步研究工作的重心，期望通过对白马窑的文化因素，产品流布情况等问题的研究进而了解当时两广、闽浙地区的族群流动与经济文化交流情况。我们还将进一步深入开展田野工作，以期进一步丰富白马窑的文化内涵，为研究惠州甚至广东古代海上丝绸之路商品贸易和文化交流提供重要实物资料。

　　最后，衷心感谢所有兄弟单位、同仁对白马窑区域系统调查工作及本书的大力支持和帮助。